近代政治史系列

工人运动史话

A Brief History of
Labour Movement in China

唐玉良　高爱娣 / 著

社会科学文献出版社
SOCIAL SCIENCES ACADEMIC PRESS (CHINA)

图书在版编目（CIP）数据

工人运动史话/唐玉良，高爱娣著．—北京：社会科
学文献出版社，2012.1
（中国史话）
ISBN 978 - 7 - 5097 - 2073 - 8

Ⅰ．①工…　Ⅱ．①唐…②高…　Ⅲ．①工人运动 -
历史 - 中国 - 近代　Ⅳ．①K261.3

中国版本图书馆 CIP 数据核字（2011）第 111382 号

"十二五"国家重点出版规划项目

中国史话·近代政治史系列

工人运动史话

著　者/唐玉良　高爱娣

出 版 人/谢寿光
出 版 者/社会科学文献出版社
地　　址/北京市西城区北三环中路甲 29 号院 3 号楼华龙大厦
邮政编码/100029

责任部门/人文科学图书事业部（010）59367215
电子信箱/renwen@ ssap. cn
责任编辑/孔　军　宋荣欣
责任校对/韩海超
责任印制/岳　阳
总 经 销/社会科学文献出版社发行部
　　　　　（010）59367081　59367089
读者服务/读者服务中心（010）59367028

印　　装/北京画中画印刷有限公司
开　　本/889mm×1194mm　1/32　印张/5.75
版　　次/2012 年 1 月第 1 版　　字数/113 千字
印　　次/2012 年 1 月第 1 次印刷
书　　号/ISBN 978 - 7 - 5097 - 2073 - 8
定　　价/15.00 元

总　序

　　中国是一个有着悠久文化历史的古老国度，从传说中的三皇五帝到中华人民共和国的建立，生活在这片土地上的人们从来都没有停止过探寻、创造的脚步。长沙马王堆出土的轻若烟雾、薄如蝉翼的素纱衣向世人昭示着古人在丝绸纺织、制作方面所达到的高度；敦煌莫高窟近五百个洞窟中的两千多尊彩塑雕像和大量的彩绘壁画又向世人显示了古人在雕塑和绘画方面所取得的成绩；还有青铜器、唐三彩、园林建筑、宫殿建筑，以及书法、诗歌、茶道、中医等物质与非物质文化遗产，它们无不向世人展示了中华五千年文化的灿烂与辉煌，展示了中国这一古老国度的魅力与绚烂。这是一份宝贵的遗产，值得我们每一位炎黄子孙珍视。

　　历史不会永远眷顾任何一个民族或一个国家，当世界进入近代之时，曾经一千多年雄踞世界发展高峰的古老中国，从巅峰跌落。1840 年鸦片战争的炮声打破了清帝国"天朝上国"的迷梦，从此中国沦为被列强宰割的羔羊。一个个不平等条约的签订，不仅使中国大量的白银外流，更使中国的领土一步步被列强侵占，国库亏空，民不聊生。东方古国曾经拥有的辉煌，也随着西方列强坚船利炮的轰击而烟消云散，中国一步步堕入了半殖民地的深渊。不甘屈服的中国人民也由此开始了救国救民、富国图强的抗争之路。从洋务运动到维新变法，从太平天国到辛亥革命，从五四运动到中国共产党领导的新民主主义革命，中国人民屡败屡战，终于认识到了"只有社会主义才能救中国，只有社会主义才能发展中国"这一道理。中国共产党领导中国人民推倒三座大山，建立了新中国，从此饱受屈辱与蹂躏的中国人民站起来了。古老的中国焕发出新的生机与活力，摆脱了任人宰割与欺侮的历史，屹立于世界民族之林。每一位中华儿女应当了解中华民族数千年的文明史，也应当牢记鸦片战争以来一百多年民族屈辱的历史。

当我们步入全球化大潮的 21 世纪，信息技术革命迅猛发展，地区之间的交流壁垒被互联网之类的新兴交流工具所打破，世界的多元性展示在世人面前。世界上任何一个区域都不可避免地存在着两种以上文化的交汇与碰撞，但不可否认的是，近些年来，随着市场经济的大潮，西方文化扑面而来，有些人唯西方为时尚，把民族的传统丢在一边。大批年轻人甚至比西方人还热衷于圣诞节、情人节与洋快餐，对我国各民族的重大节日以及中国历史的基本知识却茫然无知，这是中华民族实现复兴大业中的重大忧患。

中国之所以为中国，中华民族之所以历数千年而不分离，根基就在于五千年来一脉相传的中华文明。如果丢弃了千百年来一脉相承的文化，任凭外来文化随意浸染，很难设想13亿中国人到哪里去寻找民族向心力和凝聚力。在推进社会主义现代化、实现民族复兴的伟大事业中，大力弘扬优秀的中华民族文化和民族精神，弘扬中华文化的爱国主义传统和民族自尊意识，在建设中国特色社会主义的进程中，构建具有中国特色的文化价值体系，光大中华民族的优秀传统文化是一件任重而道远的事业。

当前，我国进入了经济体制深刻变革、社会结构深刻变动、利益格局深刻调整、思想观念深刻变化的新的历史时期。面对新的历史任务和来自各方的新挑战，全党和全国人民都需要学习和把握社会主义核心价值体系，进一步形成全社会共同的理想信念和道德规范，打牢全党全国各族人民团结奋斗的思想道德基础，形成全民族奋发向上的精神力量，这是我们建设社会主义和谐社会的思想保证。中国社会科学院作为国家社会科学研究的机构，有责任为此作出贡献。我们在编写出版《中华文明史话》与《百年中国史话》的基础上，组织院内外各研究领域的专家，融合近年来的最新研究，编辑出版大型历史知识系列丛书——《中国史话》，其目的就在于为广大人民群众尤其是青少年提供一套较为完整、准确地介绍中国历史和传统文化的普及类系列丛书，从而使生活在信息时代的人们尤其是青少年能够了解自己祖先的历史，在东西南北文化的交流中由知己到知彼，善于取人之长补己之短，在中国与世界各国愈来愈深的文化交融中，保持自己的本色与特色，将中华民族自强不息、厚德载物的精神永远发扬下去。

《中国史话》系列丛书首批计 200 种，每种 10 万字左右，主要从政治、经济、文化、军事、哲学、艺术、科技、饮食、服饰、交通、建筑等各个方面介绍了从古至今数千年来中华文明发展和变迁的历史。这些历史不仅展现了中华五千年文化的辉煌，展现了先民的智慧与创造精神，而且展现了中国人民的不屈与抗争精神。我们衷心地希望这套普及历史知识的丛书对广大人民群众进一步了解中华民族的优秀文化传统，增强民族自尊心和自豪感发挥应有的作用，鼓舞广大人民群众特别是新一代的劳动者和建设者在建设中国特色社会主义的道路上不断阔步前进，为我们祖国美好的未来贡献更大的力量。

陈奎元

2011 年 4 月

目　录

一 中国工人阶级的产生 和早期自发斗争

近代工人阶级，是资本主义机器大工业的产物。在世界历史上，工人阶级是和资产阶级作为资本主义生产方式的双胞胎，在中世纪西欧一些国家的工场手工业中开始孕育起来的；大约经过3个世纪的海外扩张，依靠残酷掠夺殖民地和本国劳动人民，西方国家完成了资本的原始积累；然后从18世纪中期开始，首先是英国，随后在西欧、北美其他一些国家，相继进行了用机器生产代替手工劳动的产业革命。通过产业革命，建立了资本主义的机器大工业和工厂制度，实现了资本主义的工业化，宣告了资本主义生产方式对封建主义生产方式的最终胜利；同时使社会发生了两极分化，"产生了两个渐渐并吞所有其他阶级的新的阶级"，即占有机器等大量社会生产资料、依靠剥削雇佣劳动者进行资本增殖的资产阶级，和失去了一切生产资料、只能依靠出卖劳动力维持生活的工人阶级。

和西方国家的工人阶级相比，中国工人阶级的产生大约晚了一个世纪。同时，中国工人阶级不是中国资本主义独立发展的产物，而是在 19 世纪 40 年代以后中国遭受外国资本主义和帝国主义的侵略，由封建社会变为半殖民地半封建社会的过程中，产生发展起来的。

外国资本主义侵略下的产物

早在 16 世纪前后的明朝中后期，当西方国家的资本主义经济还在封建社会的母体中孕育的时候，中国封建社会内部一些商品经济比较发达的地区，也开始出现了工场手工业和包买商一类的资本主义萌芽形式。这说明，按照人类社会发展的一般规律，"如果没有外国资本主义的影响，中国也将缓慢地发展到资本主义社会"。但是，16 世纪以后，正当西方国家纷纷向海外扩张，大肆掠夺殖民地来发展其资本主义经济的时候，中国的封建统治阶级则利用其积累了两千多年的统治经验，继续强化封建的意识形态和政治伦理关系，禁锢思想，摧残革新创造精神；坚持重农抑商政策，使工商业者难以积累资本、扩大经营；同时，继续称雄海内，傲视海外，盲目自大，故步自封，甚至实行闭关锁国政策，阻止人民沟通海外，了解世界。这一切，使中国社会的发展远远落到了西方国家的后面，以致西方国家（首先是英国）经过资产阶级民主革命和产业革命，变成了空前强盛、充满活力、更加需要向外侵略扩张的资本主义国家的时候，中国的资本主义经济因素仍然停滞在稀疏微弱的萌芽阶段，整个国家则进入了腐朽没落的封建社会晚期。这种形势，决定了中国必然要成为西方资本主义国家侵略扩张的对象。1840年以后，西方列强和随后赶上西方国家的日本，对中国的日益贪婪凶残的侵略，就是在这样的历史背景下发生的。

1840年，英国为了保护其商人对中国的大规模鸦片走私活动，同时了为乘机打开中国的大门，把地大物博的中国变成他们的商品倾销市场和原料产地，悍然派出军舰对中国发动侵略战争。由于当时统治中国的清朝政府昏庸腐败，任用嫉贤媚外的奸臣，破坏了林则徐、邓廷桢等领导的禁烟运动和反侵略战争，使英国侵略军得以侵占广州，并沿海北上，侵入长江，迫使清政府于1842年8月签订了中国近代史上第一个丧权辱国的不平等条约——《中英江宁条约》，也就是通常所说的《南京条约》。该约共13条，主要内容是规定将香港割让给英国，向英国赔款2100万银元，开放广州、厦门、福州、宁波、上海等五处为通商口岸，等等。自此以后，英、美、法、意、德、俄等西方资本主义列强和日本，接踵而至，纷纷采取外交讹诈、军事威胁和侵略战争等各种手段，变本加厉地迫使清朝政府及其以后的军阀政府同它们签订了一系列条件更为苛刻的不平等条约，从中国勒索大量割地、赔款，开辟数十个通商口岸，取得设立租界、协定关税、领事裁判、航行领海和内河、经营工商企业和银行、设立教堂和学校等各种特权，以至在中国驻扎军队，划分势力范围，操纵金融财政，垄断工业交通，培植傀儡政权，从而破坏了中国领土主权的完整，使中国由一个独立的封建国家，变成了在国际资本主义和帝国主义列强共同争夺和支配、控制下的半殖民地半封建国家。

外国资本主义和帝国主义侵入中国以后，挟其机器大工业的经济优势，利用在中国取得的各种特权，大肆倾销商品，掠夺原料，并进而向中国输出资本，直接在中国经营工矿交通企业，垄断中国经济命脉，使中国的城乡经济逐渐变为受它们操纵，从属于它们利益的附庸。这种情况，一方面破坏了中国原有的资本主义萌芽的生长，阻碍了中国民族资本主义工商业的发展；另一方面，也使中国封建社会自给自足的自然经济基础发生解体，客观上又在市场和劳动力等方面，为中国资本主义经济的产生和发展造成了某些可能和条件。中国工人阶级正是在这个历史过程中产生的。正如毛泽东曾经指出的："帝国主义的侵略，刺激了中国的社会经济，使它发生了变化，造成了帝国主义的对立物——造成了中国的民族工业，造成了中国的民族资产阶级，而特别是造成了在帝国主义直接经营的企业中、在官僚资本的企业中、在民族资产阶级的企业中做工的中国的无产阶级。"

 早期产业工人产生
发展的三个阶段

1840 年鸦片战争以后，英、美、法等西方资本主义国家，为了利用在中国取得的各种特权，到中国来倾销商品和掠夺原料，首先在沿海通商口岸兴办了新式航运业、船舶修造工业和打包、缫丝、制茶、猪鬃等原料加工工业；随后，还陆续开办了一些主要为外国侨民生活服务，同时在中国市场推销的轻工业；并在各地租界开办了一些电灯、电车、电讯、自来水和煤气等公用企业。随着这些外国资本主义企业的建立，中国第一批产业工人产生了。19 世纪 60 年代起，清朝政府中一部分主张利用西方技术加强军备、挽救其封建统治的官僚，以"自强"、"求富"为标榜，开展了所谓的"洋务运动"。他们依靠从西方引进的机器设备和技术人才，开办了一些军火工厂，如江南制造局、天津机器局、金陵制造局、福州船政局等；随后，又根据军火工业发展的需要，采取"官办"、"官督商办"、"官商合办"等形式，举办了一些民用工矿交通企业，如轮船招商局、开平矿务局、大冶铁矿、汉阳铁厂、萍乡安源煤矿、上海机器织布局、湖北织布局、兰州织呢厂等。从这些早期官僚资本经营的企业中，产生了中国第二批产业工人。最后，19 世纪 70 年代起，开始出现了官僚、买办、地主、商人等私人投资开办的新式缫丝、纺织、火柴、面粉等工厂和煤矿、轮船公司等。从这些民族资本经营的新式企业中，产生了中国的第三批产业工人。根据不完全的资料统计，在 1894 年中日甲午战争以前的 50 多年间，外国资本共在中国兴办 191 个近代工业企业，雇用中国工人 3.4 万人；在洋务运动的 30 年中，清政府共开办 40 多个企业，雇用工人约 4 万人；民族资本在其开始发展的 20 多年中，共开设 136 个企业，雇用工人 3 万余人。到 1894 年，从以上三种近代企业中产生的产业工人，共计达到 10 余万人。这是中国工人阶级队伍产生、发展的第一个阶段。从这个阶段可以看到：中国工人阶级产生在中国资产阶级之前。

1894 年中日甲午战争爆发时，世界各主要资本主义国家相继发展到了帝国主义阶段，它们对中国的经济侵略由商品输出为主，开始转变为以资本输出为主。中日甲午战争结束时，日本强迫清朝政府签订的《马关条约》，除规定向日本割让台湾和澎湖列岛，赔款 2.8 亿两库平银和其他许多苛刻条件外，还规定日本商人可以在中国通商口岸任便设立工厂，输入机器，其产品还要免征杂税。《马关条约》正好适应了帝国主义各国急欲向中国输出资本的需要。因此，1895 年以后，欧美和日本帝国主义列强在中国展开了投资办厂、修建铁路、开发矿产、扩张航运、垄断金融财政的激烈竞争，掀起了划分势力范围，图谋瓜分中国的浪潮。到 1913 年，外国资本在中国兴建的铁路达到 1 万多公里，大型矿山 20 多个，各种加工工厂 166 个，外资经营的航运业和电气、自来水、公共交通等城市公用事业也有了较大的发展。这些外资企业，在中国新式工矿交通运输业中开始居于垄断地位，受雇于这些企业的中国工人已增加到约 50 万人。随着帝国主义侵略的加剧和民族危机的深化，中国新产生的民族资产阶级和部分爱国士绅，强烈要求改革政治，发展实业，自强自救，抵抗侵略，先后兴起了"变法维新"、"收回利权"和辛亥革命等运动，推动中国民族资本主义经济，在十分艰难的条件下，有了初步的发展。据统计，

1913 年完全由中国人经营雇用 7 个人以上的工厂，共有 2.1 万余个，工人 65 万余人。加上在外资企业中的工人，1913 年全国产业工人总数有 100 万到 120 万人。

1914 年爆发了第一次世界大战，欧洲帝国主义各国忙于相互厮杀，暂时放松了对中国的经济侵略，中国的民族工业趁机有了较大的发展，出现了中国民族工业短期勃兴的"黄金时代"。据统计，从 1914 年到 1919 年的 6 年中，中国民族工业新设厂矿共 379 个，平均每年增加 63 个。其中，以纺织、面粉、卷烟、造纸、制革等轻工业为最多，重工业和航运业也有了相当发展。在这期间，日、美帝国主义也趁机在中国大肆扩张侵略势力。在经济上，日本帝国主义除用武力夺取德国在山东的全部工厂、矿山和铁路外，还在上海、青岛、武汉等地增加工业投资，兴建大批棉纺工厂。1914 年到 1921 年间，日本在华开设的较大的厂矿就有 222 家。随着民族资本和部分外资企业的迅速发展，中国产业工人的队伍开始壮大起来。到 1919 年五四运动前后，全国大约已有铁路工人 16.5 万，邮电工人 3 万，海员工人 15 万，汽车和电车工人 3 万，搬运工人 30 万，矿山工人 70 万，建筑工人 70 万，各种工厂工人 60 万，外资企业工人 23.5 万。总计全国产业工人大约已有 261.5 万人。

组成工人阶级一部分的
非产业工人

随着外资与本国官僚资本、民族资本经营的工矿交通企业产生发展而形成的产业工人队伍，是近代中国工人阶级的主体、核心和典型代表。除此以外，在旧中国还有 1000 万以上的城乡手工业工人和店员、苦力运输工人，以及人数更多的农、林、牧、渔等各业雇工。这些在封建社会就早已存在的雇佣劳动者，虽然没有像西方国家那样经过由简单协作、手工工场和产业革命直接发展成为近代工人阶级，但是，1840 年鸦片战争以后，随着外国资本主义的侵入和封建经济的解体，以及整个社会经济体系的变化，他们也或多或少，直接间接与资本主义的机器大工业发生了某些联系，因而成为以产业工人为核心的中国近代工人阶级队伍的组成部分。各种非产业工人，因为大多是使用落后工具，在分散落后的经济形式中劳动，他们的阶级先进性不如产业工人，但是，由于他们在旧社会遭受的压迫和剥削，较之产业工人更为深重，具有特别强烈的革命要求；同时他们的人数远比产业工人为多，在革命斗争中同样可以发挥重大作用。

中国近代工人阶级的
特点和优点

以产业工人为核心的中国近代工人阶级，是中国历史上前所未有的新的社会阶级。它具有世界各国工人阶级共同的特点和优点，即：它与最先进的经济形式（社会化的机器大工业）相联系，是新的、最先进的社会生产力的代表；它没有私人占有的生产资料，只有消灭私有制基础上产生的阶级和人剥削人的制度，实现全人类的解放，才能最后解放自己；它的发展和它的根本利益，是同整个人类社会发展的客观要求和广大劳动人民的根本利益一致的。因此，它是大公无私、最有远见、最有前途、最富于革命彻底性的最先进最革命的阶级。同时，社会化的大生产还锻炼了工人阶级的组织性和纪律性，养成了团结协作的精神。

除了上述一般工人阶级共同具有的特点和优点外，中国工人阶级由于生长在半殖民地半封建社会，还具有一些和一般资本主义国家的工人阶级不同的特点和优点。

首先，中国工人阶级不仅受到本国资产阶级的剥削和压迫，而且受到外国资本主义和中国封建势力的剥削和压迫；三种剥削和压迫的严重性都是世界各国罕见的。在旧中国，工人每天劳动一般都在 12 小时以上，多的达到 15 或 16 小时，甚至 20 小时。大多数企业，除春节、端午和中秋等节假日外，没有星期日休息，全年劳动日达到 355 天至 360 天。1919 年前后，普通工人的工资每天只有一二角到三四角钱，女工和童工的工资更低，而当时 1 担米的价格是 10 元左右。工人没有劳动保险，遇有生老病死伤残等变故，多数企业不仅不给予抚恤救济，还要扣发工资或将老病伤残工人开除出厂。一般厂矿企业的通风、照明和卫生条件极为恶劣，几乎没有安全设备，事故层出不穷，工人生命毫无保障。如日本帝国主义霸占的抚顺煤矿，1913 年一年就发生灾害事故 2900 多次，仅 1917 年发生的一次瓦斯爆炸就死亡工人 921 人。当时开滦煤矿工人因事故死亡，矿方只给抚恤费 20 元，而矿方用来拉煤的马死了一匹，要折价 60 元，真是"人命一条不如一马！"各种工矿企业都对工人采取了野蛮残酷的管理制度，厂主、监工和大小工头、把头可以任意打骂凌辱工人。在许多官办企业和一些矿区，还驻有军队，有些厂矿甚至私设公堂和监狱，经常严刑拷打工人。在外资企业中，帝国主义者利用治外法权等，任意蹂躏中国工人。中外资本家大多采用了种种带有封建性和奴隶制残余性质的用工制度，如包工制、把头制、封建性的学徒工制，以及上海等地纺织厂中的养成工制、包身工制等。在政治上，中国工人处在封建专制制度和军阀统治压迫下，毫无民主权利和政治自由，反动政府颁布的《矿务章程》、《暂行新刑律》、《治安警察条例》等，把工人的集会、结社和罢工视为严重犯罪，实行残酷镇压。一些常以"自由"、"民主"国家自吹自擂的外国侵略者，也在他们霸占的中国土地上和各地租界中，颁布实行野蛮镇压中国工人和其他中国居民的法令。如英美等帝国主义者在上海租界颁布的《租界治安章程》，与中国封建势力相勾结，规定了一套"中西结合"的镇压工人的机构和办法。

中国工人阶级处在这样严酷的压迫和剥削下，强烈要求进行反抗斗争。因而，他们在革命斗争中，表现最为坚决、彻底，是一支特别能战斗的力量。同时，在半殖民地半封建的中国，外资企业要利用廉价劳动力榨取超额利润，民族资本企业在外资和封建势力压迫下，生存发展十分艰难，根本不可能出现像欧洲那样的社会改良主义的经济基础，因此，整个工人阶级除少数工贼外，都是革命的。

其次，由于半殖民地半封建中国工业发展的不平衡性，造成了中国产业工人在地区和产业分布上高度集中的特点。五四运动前后，中国近代工人的绝大多数，都集中在上海、广州、汉口等10多个沿海、沿江和铁路沿线的大城市及铁路、矿山、航运、纺织、卷烟等少数产业中。同时，由于外资企业和官办企业在旧中国的近代工业中占了垄断地位，它们的资本雄厚，规模较大，所以中国的产业工人一开始就有很大一部分集中在少数大企业中。据统计，1894年上海、广州、汉口三大城市的工人占全国工人总数的76.6%，仅上海一地就占46.4%；当时雇用工人500名以上的工矿企业共约40个，所雇工人占全国产业工人总数的60%。这种集中状况，有利于工人阶级在斗争中形成坚强的阶级阵线，发挥强大的战斗力。

最后，由于中国的近代产业不是经由工场手工业长期发展而来，产业工人中很少世代做工的，他们中的大多数都是直接来自破产的农民，在农村还有多方面的亲属关系或经济联系。至于各种非产业工人，特别是许多中小城市和乡镇工人，和农民的关系更为密切。这种情况，便于工人阶级在斗争中和占全国人口80%以上的广大农民结成巩固的联盟。这是中国工人阶级能够取得革命的领导权，并领导革命取得胜利的重要条件。

早期工人反对外国
侵略者的斗争

　　中国工人阶级从它产生的第一天起，就开始了反对三重压迫和剥削的斗争。特别是由于中国工人阶级是在外国资本主义和帝国主义的侵略下产生的，外国侵略者是压在工人阶级和全国人民头上的最凶恶的敌人，所以，中国工人阶级一开始就把斗争的锋芒首先指向外国侵略者，表现了反帝爱国的强烈要求和鲜明特点。

　　首先，早期工人参加了历次反对外国侵略的战争。早在1840年开始的第一次鸦片战争期间，广州等地的船工和手工业工人，就曾参加或支援了当地人民的反侵略战争。例如，1841年5月广州三元里人民的抗英斗争中，就有当地的丝织工人和打石工人，齐集"平英团"旗帜下，用长矛、刀、剑和英军展开搏斗。1858年第二次鸦片战争期间，香港、澳门的2万多市政、搬运和其他行业工人，曾纷纷罢工，返回广州，反对英法联军的侵华战争。1884年中法战争期间，香港工人也曾举行反法大罢工。这次罢工由香港船舶修造工人拒绝为法国修理舰船开始，得到搬运工人、店员、轿夫、车夫、船工等各业工人的普遍响应，工人团结一致，挫败了港英政府的武力镇压，从9月3日一直坚持到10月7日，给法国侵略者和英国帮凶很大打击。在1894年中日甲午战争和1900年八国联军侵华战争期间，在各地战区也曾有不少工人参加了反对侵略者的斗争。

其次，中国工人很早就在外国侵略者割占的地区和租界里，开始了反对殖民统治的斗争。英国侵占香港不久，1844 年 8 月，港英政府立法局通过一项实施人口登记的法案，规定商人每年须缴登记费 5 元，华人苦力每年 1 元。香港华人于 10 月 30 日一律罢工罢市，表示抗议。罢工坚持到 11 月 13 日，迫使港英政府取消了缴纳登记费的规定。这是中国近代史上最早的一次工人大罢工。此后，香港工人反对英国殖民统治的斗争始终不断。1860 年香港当局又宣布实行"牌照法"，规定凡在港经商或从事运输等业务者，必须领取牌照，缴纳牌照费。典当业商人和职工首先反对，实行罢市。接着，全港轿夫和艇户也举行了罢工，坚持了 3 个多月，取得了部分胜利。1862、1872 年和1888 年，香港的码头搬运工人、挑夫、艇工、清洁工、货船水手和苦力工人等，也都为反对强迫登记和强收执照税等举行了多次罢工斗争。

最后，早期工人参加了 20 世纪初由民族资产阶级领导的许多反帝爱国运动。例如，在 1904 年的"收回利权"运动，1905 年为抗议美国排斥华工而在上海、广州等许多城市举行的"抵制美货"运动，1915 年反对日本帝国主义灭亡中国的"二十一条"等斗争中，工人群众都曾积极参加，并在其中发挥了很大作用。特别是 1916 年，在天津人民反对法国侵略者企图将老西开街区并入其租界的斗争中，法租界工人实行了总罢工，坚持 5 个多月，终于迫使法国帝国主义者由吞并改为中法共管老西开。

早期工人参加农民起义和辛亥革命

1840 年鸦片战争以后，中国的封建统治阶级及其政府，屈服于外国侵略者，逐渐变成了外国资本主义和帝国主义侵略、统治中国人民的帮凶和工具。他们对外投降卖国、对内顽固坚持封建专制的政治制度和封建的土地占有制度，残酷镇压人民反抗。同时，为了支付巨额赔款及维持其腐朽统治和腐朽生活，他们不断加重对广大人民，特别是对工农劳动人民的剥削和搜刮，使国家民族的命运日益危殆，人民生活日益陷入水深火热之中。这种状况，迫使中国人民起来前赴后继地进行反对封建剥削和封建专制制度的革命斗争。这些斗争大多有工人群众参加。早期工人特别积极地参加了太平天国等农民起义和资产阶级领导的辛亥革命。例如，太平天国运动开始时，以广西贵县银矿工人为主组建的一支队伍，曾经是太平军中战斗力最强的主力部队；太平天国的著名首领杨秀清、萧朝贵、李秀成、秦日纲等，都是手工业工人出身。太平军进入湖南以后，招募煤矿工人建立的土营，在挖掘地道、埋设地雷、炸毁城墙，攻破清军坚固设防的武昌等城市的战斗中，发挥了重大作用。

早期工人曾经响应孙中山为首的革命党人号召，

追随资产阶级革命派参加了反对清朝政府的起义和其他形式的革命斗争。早在 1894 年孙中山创立的兴中会中，就有海外华工 54 人，占全体 286 名会员的 19%。1905 年 8 月孙中山在日本领导成立的同盟会中，有 7% 的会员是工人。在孙中山领导的革命活动和多次武装起义中，都曾得到广大海外华工和部分国内工人的积极参加、赞助。例如，1903 年，云南个旧锡矿万余工人参加了攻占临安县城的起义。1906 年，安源煤矿6000 多工人参加了同盟会员组织的萍浏会党起义。1911 年 4 月广州起义牺牲的"黄花岗七十二烈士"中，有 15 名是工人。作为武昌起义导火线的四川总督镇压保路同志会请愿民众血案中，也有不少死难烈士是工人。武昌起义时，汉阳兵工厂工人曾为起义军赶造军火；徐家棚铁路工人、武昌纱厂工人和人力车夫，也曾帮助起义军运输军火物资。起义胜利后，武汉大批工人应募参加革命军，投入了抵抗清军反扑的战斗。在其他各地响应武昌起义的斗争中，也有不少工人参加，为推翻封建王朝作出了贡献。

7 早期工人自发的经济斗争

早期工人处在中外资产阶级野蛮残酷的压迫、剥削下，自发地进行了许多反抗这种压迫和剥削，维护自己切身利益的经济斗争。

根据不完全的资料统计，从 1840 年到 1919 年五四运动以前的近 80 年间，中国工人共计进行了大约

530 多次经济性质的罢工斗争。其中许多规模较大的罢工，都发生在外资企业和本国封建统治当局的官办企业中，客观上具有反帝反封建的性质和突出特点。

正如马克思、恩格斯在《共产党宣言》中指出的，"无产阶级经历了各个不同的发展阶段"。随着中国近代工业和工人阶级队伍的产生、发展，中国早期工人自发的经济斗争也大体经历了三个阶段。

第一阶段，从 1840 年到 1894 年中日甲午战争以前，是近代工人阶级产生和早期工人经济斗争的原始阶段。在这个阶段的 50 多年间，有文字记载的经济性罢工斗争共计 71 次，其中，多数发生在手工业工人和苦力运输工人中，近代产业工人的罢工只有 28 次。这一时期的工人经济斗争，无论在时间还是在地区上，都表现为个别、零星的现象。在斗争的方式上也往往采取了和雇主、监工、工头吵闹，向官厅告状，破坏机器设备、抢劫库房、烧毁原料和制成品等比较原始的方式；斗争的结果也是失败的多。

第二阶段，从 1895 年到 1913 年第一次世界大战以前，是早期工人自发的经济斗争有了初步发展的阶段。同前一阶段相比，这个阶段工人斗争的次数和频率都大大增加了。根据不完全的资料统计，在这个阶段的 19 年间，全国共发生经济性质的罢工斗争 277 次，是前一阶段 50 多年罢工总数的 3.9 倍。这个阶段的罢工斗争，在时间和地区分布上开始出现了一些比较集中的风潮。这个阶段的上海，共发生罢工 116 次，占全国罢工总数的 41.9%，是全国罢工斗争最集中的地区。1912 年底到 1913 年 6 月的半年间，汉阳兵工厂工人就连续罢工 3 次，并且与当时新当选的民国副总统、湖北都督黎元洪发生了激烈的冲突，影响很大。这个阶段产业工人的罢工斗争达到 143 次，开始超过了各种非产业工人的斗争。有的地方开始出现了产业工人的同盟罢工和几个不同行业的非产业工人同时罢工，如 1911 年 8 月上海闸北 4 家丝厂女工举行同盟罢工，并得到了梧州路勤昌丝厂和法租界久成丝厂女工的罢工响应。1905 年 11 月东清铁路哈尔滨总工厂工人为反对军管和加班加点举行的大罢工，同月苏州染坊工匠要求增加工资的罢工以及 1897 年上海英美租界6000 余小车夫反对工部局加捐的罢工等，曾采取散发传单和游行示威等方式。辛亥革命前后，上海、武汉、长沙等地有些罢工斗争曾经受到过工党的影响；哈尔滨等地和中东铁路工人的有些罢工斗争，还曾受到俄国 1905 年革命和俄国布尔什维克党组织的影响。

第三阶段，从 1914 年到 1919 年五四运动前的 5 年间，是中国工人早期自发的经济斗争开始走向高涨的阶段。这个阶段的工人斗争，较之前一阶段有了更大发展。主要表现在以下几个方面：首先，罢工斗争日趋频繁。根据不完全的资料统计，在这个阶段的 5 年多期间，全国共发生经济性质的罢工斗争 185 次，平均每年 37 次，是前一阶段年平均次数的 2.5 倍。其中发生在上海的共 85 次，约占全国罢工总数的 46%。就全国来说，这个阶段月月都有罢工发生，在上海等地还出现了一个月发生多起罢工和同一企业同一行业连续多次罢工的现象。其次，产业工人在罢工斗争中的作用更加突出，非产业工人的罢工斗争次数也有较大增长。这一阶段产业工人的罢工114次，占罢工总数的61.6%；产业工人年平均罢工22.8次，约为前一阶段的3倍；非产业工人年平均罢工14.2次，是前一阶段的2倍多。有些罢工斗争开始突破了帮口、行会的界限，出现了更多的同盟罢工和相互之间的支持、援助。据统计，这个时期仅产业工人中较大的同盟罢工，就有25次，约占产业工人罢工总数的22%。这个时期的许多罢工规模巨大，斗争激烈，坚持时间较长。在斗争的方式和领导方面也继续有所进步和加强，因而斗争胜利的比例继续有所提高。据统计，这个阶段的罢工斗争中知道结果的共115次，其中取得胜利和部分胜利的66次，占总数的57.4%。所有以上这些情况，都说明1919年五四运动前夕，中国工人的早期自发经济斗争，已经开始走向高潮，并且发展到了一个较高的阶段。

中国工人的早期组织

　　早期工人由于缺乏阶级觉悟，不懂得建立自己的阶级组织。为了在复杂的社会和严酷的斗争中，能够有所依靠和求得生存，他们大多参加到了各地流行的行会、帮口和各种封建性的秘密结社之中。

　　行会是在封建社会晚期商品经济有了较大发展的条件下，城镇手工业者和商人为了限制竞争，垄断市场，把持业务，排除异己，维护同行利益，而按行业和多数业主的不同籍贯分别建立起来的组织。它们选有行头、会首，建有"会馆"、"公所"一类机构，订有严格行规，办有同行公益事业。起初，各地行会大多工商不分，业主与雇主混合，而且兼有同乡、帮口性质。同时，它们还是封建政府控制工商业的机构。它们的领导权一般都操纵在社会地位较高并与官方有勾结的业主手中。鸦片战争以后，随着封建经济的解体和资本主义工商业的发展，各地行帮组织逐渐发生了变化，有些地方（如广东）出现了业主与雇工分别设立的行会，被分别称为"东家行"和"西家行"；一些主要由来自不同地区（即同乡）的工人、苦力建立的行会、帮口，在许多工人集中的城市、矿区和水陆码头上流行起来，如上海各业工人中的本地帮、淮扬帮、安徽帮、宁波帮、绍兴帮、广东帮、湖北帮，等等。业主方面的行会，后来逐渐演变为资本主义性质的同业公会。

　　早期工人参加的秘密结社多是清代初期在下层民众中建立发展起来的。参加的成分很复杂，多数是城乡劳动者、无业游民和地主阶级的部分下层人物。起初，它们多以"反清复明"、"除暴安良"、"行侠结义"等口号相号召，集结势力，反抗满族地主阶级的统治和封建官府的压迫。因为与官府对抗，所以必须严格保守秘密。后来，特别是鸦片战争以后，它们的首领大多与官府妥协，甚至明里暗里相互勾结，使这些组织逐渐变成了由少数首领把持的封建流氓集团和黑社会势力，其首领则大多变成了上通官府，下结盗匪和三教九流，横行乡里，仗势欺人的大小恶霸和恶棍。鸦片战争前后，直到新中国建立以前，这类组织在南方最为流行的是青帮、洪帮、哥老会、三合会等，在北方有安清道友、大刀会、红枪会等。其中青帮开始是在南北运河承办漕运的工人和其他人员中发展起来的，后来在上海等地吸收各业工人、游民和各界人士参加，势力扩大到上海社会的各个方面，成了上海最大的流氓集团。其他一些秘密结社的活动重点，起初多在农村。鸦片战争以后，随着封建经济解体，部分参加了这些秘密结社的农民和手工业工人流入城市，在城市各业工人和其他下层人士中发展了组织，从而使他们的势力在城市、矿区和交通要道的工人中有了发展。这些秘密结社都按封建伦理关系，建立了严密的组织和严格的纪律，并信奉一定的神道，规定有一套神秘的活动方式和联络暗号，带有浓厚的封建迷信色彩。

早期工人参加上述各种封建性的组织，在谋求和保障职业、遭到外人欺压或遇到意外困难等情况时，有的可能得到一些帮助和救济。但是，这些组织不仅对工人实行了封建性的压迫和剥削，而且模糊工人的阶级意识，破坏工人的阶级团结，不利于工人运动的发展。

辛亥革命前后，新兴资产阶级为了争取工人对其发展实业和进行民主革命的支持，曾以劳资混合的工业团体、工界团体等名义，在一些地方的工人中进行过组织活动。如1910年，湖南资产阶级立宪派人物，经官方批准建立了"湖南工业总会"，又称"湖南省总工会"，规定该会以"研究工学、改良工艺、倡导工业"和"挽回利权"、"裕国民生计"为宗旨。1913年，四川部分绅商也在原有的"劝工局"一类组织基础上，经官方批准，建立了"四川工务总会"，也称"四川总工会"。以孙中山为首的资产阶级革命派，在这方面也采取了积极的态度。1909年，孙中山曾指派革命党人，先后在香港、广州建立了"中国研机书塾"、"广东机器研究公会"等组织，吸收机器业的厂主和工人参加，以后演变为广东机器总会和国民党右派控制的机器工会。1913年，孙中山领导的二次革命失败后，为了集结力量继续坚持革命斗争，他又派人在日本横滨吸收有志革命的华籍海员和其他华侨进步人士，建立了秘密进行革命活动的联义社。1915年，由国民党员和联义社骨干分子发起，在由香港航行各地的远洋轮船上，建立了（中国）海员公益社。1917年，将公益社改名为香港中华海员慈善会，经港英政府批准立案，在香港正式设立了总会机关。1918年秋，孙中山受到滇桂军阀排挤即将离开广州时，曾派人推动茶居业43个行帮组织联合起来，建立了广州茶居职业工会。此外，辛亥革命后，还有一些资产阶级和小资产阶级的政治派别，如1911年江亢虎在上海成立的中国社会党，1912年徐企文等人在上海成立的中华民国工党，1913年起刘师复等人在上海、广州等地建立的"无政府共产主义同志会"等，也在一些地方的工人中进行过活动。它们的宗旨和主张也是反映资产阶级和小资产阶级的要求；同时，它们大多有名无实，寿命不长，在工人群众中的实际影响不大。

随着工人自发的经济斗争的发展，同时受到资产阶级和小资产阶级政党宣传的民主共和的思想影响，辛亥革命以后，尤其是五四运动前夕，有些地方的工人开始突破原有的行帮、会党束缚，产生了一些自发的职工组织和团体。例如，在上海，先后建立有缫丝女工同仁会、江南制造局的制造工人同盟会、商务印书馆印刷所的工界青年励志会和集成同志会等。在武汉，先后产生过汉口租界的车夫同益会、汉阳兵工厂的工业同盟会等。在长沙，先后建立过铅字印刷公会和湖南印刷公会等。在铁路方面，1912 年沪宁、沪杭两路职工建立过两路同人会、员工协进会和进德会等组织；津浦路南段职工在浦口建立了职工同志会；洛潼铁路（即陇海铁路洛阳至潼关段）筑路职工，在洛阳建立过路工同人共济会。在航运方面，1914 年上海轮船上的烧火工人和加油工人建立了焱盈社，1918 年上海的水手工人建立了水上均安公所，等等。以上这些职工自发建立的组织和团体，以及上述孙中山影响下建立的广东机器总会、中华海员慈善总会等，都还存在不少封建行帮的影响，有些是劳资混合，有些主要代表中小资产阶级的要求，有些成立不久就被解散，或自行瓦解，所以都还不能称为名副其实的工会。但是，由于这些组织主要是由雇佣工人组成的，活动中或多或少反映了一些职工群众的切身要求，所以也或多或少地具有了一些工人阶级群众组织的成分，可以称为工会组织的萌芽。

二　向"自为的阶级"转变
和第一次全国工运高潮

1919 年的五四运动,是中国新民主主义革命的开端,也是中国现代工人运动的起点。五四运动促进了马克思主义和中国工人运动的结合,从而开始了中国工人阶级由"自在的阶级"到"自为的阶级"的转变。1921 年中国共产党的成立和 1922 年全国第一次工运高潮,标志着中国工人运动走上了自觉的、革命的新阶段。

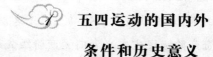

五四运动的国内外
条件和历史意义

五四运动之所以能成为中国革命和中国工人运动的伟大历史转折点,是由当时国内和国际条件决定的。在国内,从 1840 年鸦片战争以后的近 80 年间,中国人民进行过的许多反帝反封建的革命斗争,包括太平天国运动和辛亥革命,都没能完成民族民主革命的任务而遭到失败。历史证明,在半殖民地半封建的中国,农民不是革命的领导力量,民族资产阶级也担负不起革命的领导责任。历史要求中国人民寻求新的革命领导阶级和新的革命指导思想。另一方面,随着近代产业工人队伍的壮大和早期工人斗争的发展,到五四运动时,中国已经有了适应历史要求,建立工人阶级政党,来担负起革命领导责任的阶级基础和社会条件。

在国际上,第一次帝国主义世界大战,暴露了世界资本主义体系进入帝国主义阶段后的深刻危机;同时,俄国十月革命的胜利,开辟了无产阶级世界革命的新纪元,使西方资本主义国家的无产阶级罢工、起义和东方殖民地半殖民地人民的民族解放运动结合起来,形成了空前高涨的无产阶级世界革命浪潮。这种形势,唤起了中国人民的新的觉醒。特别是那些激进的革命知识分子,从俄国十月革命的胜利中看到了中国革命新的前途和希望。还在五四运动前夕,中国先进的革命知识分子,首先是李大钊,就敏锐地觉察到了这种时代的要求和历史的趋势。他们热烈欢呼俄国革命的胜利,并从研究俄国革命经验,进而研究和宣传马克思主义,开始了由激进的小资产阶级民主主义者向无产阶级先进分子(即共产主义者)的转变。他们在领导五四爱国运动,实现马克思主义与中国工人运动的结合,推动中国革命和工人运动的历史性转变上,起了重要作用。

五四运动中的爱国大罢工

1919 年 5 月 4 日由北京学生发起,迅速发展到全国各地的五四爱国运动是一次空前伟大的反帝反封建的革命群众运动。它的直接目的,是反对帝国主义列强在巴黎和会上损害中国主权、把原德国在山东侵占的特权转让给日本;同时反对北京军阀政府在这个问题上的卖国政策。在这次运动中,刚刚发展壮大起来的中国工人阶级,受国际国内革命潮流的影响,积极参加了斗争,开始以独立的姿态登上了中国的政治舞台。

还在5月4日的前两天,济南就有3000多工人举行演说大会,反对日本侵占青岛。5月4日以后,北京、上海等各地都有许多工人同情和支持学生的爱国行动。

6月3日,北京军阀政府出动军警逮捕在街头进行爱国宣传的学生千余人,激起了各地工人和各阶层人民的极大义愤。6月5日,上海日商纱厂工人首先举行罢工,抗议军阀政府的镇压,支援爱国学生。随后,各业工人也纷纷罢工,投入斗争。到6月10日,全市罢工工人共达11万余人。此外还有参加商店罢市的店员7万余人,形成了空前的爱国大罢工。继上海之后,唐山京奉铁路3000余工人、长辛店京汉铁路工人、天津的人力车夫和杭州、九江等地的工人,也都纷纷举行了爱国罢工;其他许多城市,如济南、南京、长沙、武汉、杭州、芜湖、无锡、厦门、安庆等地工人,大都参加了集会、请愿、游行示威和抵制日货等爱国斗争。这次上海等各地工人的爱国大罢工,是由6月3日北京军阀政府大规模逮捕爱国学生引起的,历史上通称"六三大罢工"。

六三大罢工,与当时各地的学生罢课、商人罢市,共同形成了以工人阶级为主力的"三罢"斗争,使五四运动从单纯知识分子的爱国运动,发展成为有广大各阶层人民参加的革命运动,给了帝国主义和军阀政府以沉重的打击,引起了他们的惶恐不安。当时上海的帝国主义分子惊呼:这是"第一次动摇上海工业机构的罢工"。6月9日,上海反动的军政当局急电北京政府,要求立即接受民众的爱国主张,平息工人罢工,以免"铸成大乱"。第二天,天津总商会也向北京政府发出急电,指出:"栖息于津埠之劳动者数十万,现已发生不稳之象。倘迁延不决,演成事实,其危厄之局,痛苦有过于罢市者!"在工人阶级和其他各界人民的强大压力下,北京军阀政府被迫释放了学生,撤销了曹汝霖、陆宗舆、章宗祥等亲日派卖国贼的职务,随后又命令出席巴黎和会的中国代表拒绝在丧权辱国的"和约"上签字,从而使这次爱国运动取得了空前未有的胜利。

六三大罢工是中国近代历史上第一次出现的、具有鲜明的反帝反封建性质的政治大罢工。在这次斗争中,上海工人举起了"罢工救国"的旗帜,发出了"万众一心,共除国贼,以雪国耻"的誓言,抵抗了帝国主义者和军阀的镇压、破坏,抵制了资产阶级的动摇、妥协倾向,表示"即令商界答应开市,工界同胞决不中止"。参加罢工的其他各地工人,也大都以"工界"的名义提出了自己反帝爱国的政治要求,反映了中国工人阶级的觉醒。六三大罢工第一次显示了中国工人阶级在革命斗争中的重要作用和强大力量,表明它开始以独立的姿态登上了中国的政治舞台。

马克思主义与中国
工人运动的结合

　　五四运动一个最为重要的历史作用,就是它促进了马克思主义与中国工人运动的结合,为中国工人阶级的政党——中国共产党的成立,准备了条件。

　　五四运动中工人阶级的崛起,推动了以李大钊为代表的一批具有初步共产主义觉悟的革命知识分子,更加积极地进行马克思主义理论和俄国十月革命经验的研究和宣传,并强调要将马克思主义的阶级斗争理论变为"工人联合的实际行动"。在李大钊的倡导下,北京的进步学生首先走出学校,到工农群众中去进行实际的革命工作。1920年3月,北京大学以邓中夏为总务干事的平民教育讲演团决定:今后"除城市讲演外,并注重乡村讲演、工场讲演"。不久,邓中夏带领讲演团的一个组到长辛店,与史文彬等工人积极分子联系,在当地铁路工人中建立了开展宣传活动的固定场所。这是中国共产主义知识分子与工人群众结合的一个起点。与此同时,陈独秀、毛泽东等也在上海、长沙等地结合马克思主义理论的研究、宣传,开始指导工人群众的组织和斗争。1920年5月1日,上海、北京、广州、长沙、九江、唐山、哈尔滨等城市的工人和革命知识分子,举行了中国历史上第一次全国性的纪念五一国际劳动节的群众活动。这是马克思主义与广大地区工人群众活动开始结合的一个表现。

1920 年 8 月,陈独秀等共产主义知识分子,首先在上海建立了中国共产党的发起组织。随后,李大钊等在北京,董必武等在武汉,毛泽东等在长沙,王尽美等在济南,谭平山等在广州,相继建立了共产主义小组,开始有计划地在工人群众中进行马克思主义的宣传工作和组织工作。各地共产主义小组都创办了一些在工人群众中进行宣传鼓动的通俗刊物,如上海小组首先创办的《劳动界》,北京小组创办的《劳动音》和《工人周刊》,广州小组创办的《劳动者》,济南小组创办的《劳动周刊》等。这些刊物在启发工人觉悟,鼓舞工人斗争方面,都起了重要作用。其次,各地共产主义小组还以平民教育的名义,开始在各地创办了工人学校。如:1920 年夏,上海共产主义小组李启汉等在沪西小沙渡创办的"劳工半日学校";1921 年初,北京共产主义小组邓中夏等在长辛店创办的"劳动补习学校"等。通过这些工人学校,在工人群众中传播了马克思主义思想,启发了工人群众的阶级觉悟。在此基础上,1920 年 11 月,上海共产主义小组领导建立了上海机器工会。这是中国第一个真正具有阶级性和群众性的工会组织。它和当时上海等地一些资产阶级和小资产阶级代表人物,拉拢少数工头、职员,建立的"招牌工会"、劳资混合的"工界团体"和行帮组织根本不同。之后,上海共产主义小组还领导建立了上海印刷工会和纺织工会等。1921 年 5 月 1 日,北京共产主义小组领导长辛店铁路工人举行了劳动节纪念大会和示威游行,并在大会上宣布建立了工会,后来改称长辛店铁路工人俱乐部。这是中国第一个按产业原则建立的新式阶级工会。

中国共产党的诞生和中共一大
关于工人运动的决定

通过各地共产主义小组在工人群众中的活动,开始实现了马克思主义与中国工人运动的结合。在此基础上,1921年7月,各地共产主义小组推举代表在上海举行了第一次全国代表大会,按照马克思列宁主义的建党原则,正式建立了中国工人阶级的先锋队——中国共产党。中国共产党的建立,标志着中国工人阶级由"自在的阶级"到"自为的阶级"的根本转变,对于中国革命和中国工人运动的发展,都具有划时代的意义。

中共一大通过了《关于当前实际工作的决议》,要求党在成立以后,首先集中力量领导发展工人运动,并为此规定了明确的任务和指导方针。决议指出:在工人运动方面,"我们党的基本任务是成立产业工会";同时,"对于手工业工会,应派党员前去尽快进行改组工作"。决议认为:举办"工人学校是走向组织工会途中的一个阶段,所以必须在一切工业部门中成立这种学校"。决议强调,"党在工会里要灌输阶级斗争的精神",党应该警惕,勿使工会成为其他党派的"玩物","勿使工会中执行其他政治路线"。

中国共产党一大决议,指导新产生的共产党从组织教育工人,领导工人斗争,开始了以在中国最终实现社会主义和共产主义为目标的伟大革命航程。中国工人阶级和工人运动则在中国共产党的领导下,从此走上了自觉的革命道路。

中国劳动组合书记部的 建立和初期活动

为了贯彻中共一大的决议,1921 年 8 月 11 日,中共中央在上海建立了"中国劳动组合书记部",作为领导工人运动的公开机关。在书记部的成立宣言中指出:"中国劳动组合书记部是由上海——中国产业的中心——的一些劳动团体所发起的,是一个要把各个劳动组合都联合起来的总机关。他的事业是要发达劳动组合,向劳动者宣传组合之必要,要联合或改组已成的劳动团体,使劳动者有阶级的自觉,并要建立中国工人们与外国工人们的密切关系。"

书记部成立时,张国焘是主任。但是他只"在办公桌上搞工人运动",并且只搞了两个月就到莫斯科开国际会议去了,实际工作主要是由干事李启汉、李震瀛等负责进行的。书记部出版了《劳动周刊》,作为指导全国工人运动的机关刊物。书记部将原来由李启汉在沪西小沙渡创办的劳工半日学校,改组为上海第一工人补习学校,并通过到校听课的工人,在附近一些工厂的工人中开展了工作。1921 年 7 月下旬,上海浦东英美烟厂新老两厂 8000 多工人举行罢工,提出增加工资、不准虐待工人等条件。李启汉立即前去指导和支持罢工活动,罢工于 8 月 10 日取得了胜利;并在罢工胜利的基础上,指导建立了上海烟草工人会。随后，书记部还领导建立了上海印刷工人会等组织。当时上海有许多招牌工会，如中华工业协会、中华全国工界协进会、中华工会、中华电器工界联合会、中华劳动联合会、上海工商友谊会等。书记部和它们建立了联系，争取团结、改造它们，准备实现上海工会运动的统一。1921 年 11 月，英美日等国在华盛顿召开了太平洋会议，决定对中国实行由帝国主义列强共同统治的所谓"门户开放"政策。书记部曾联合部分招牌工会和机器、纺织、印刷、烟草等工人工会，举行了反对这次帝国主义分赃会议的群众集会和游行示威。但是，在筹备建立上海统一的工会组织问题上，控制各招牌工会的资产阶级政客和工贼、流氓等，拒绝与书记部合作，坚持要建立在他们控制下的所谓"上海工团联合会"，使书记部的主张没能实现。

在上海建立的中国劳动组合书记部，虽然主要活动在上海，但是它通过发行《劳动周刊》和在该刊上报道、声援各地工人斗争等形式，对各地工人运动也进行过一些联系和指导活动，它实际是在中共中央直接领导下的中国劳动组合书记部的总部。继上海之后，在北京、长沙、武汉、广州、济南等地，都建立了中国劳动组合书记部的分部。各分部的主任，除北京分部（后改称北方分部）是由中共北京区执行委员会组织委员罗章龙兼任外，其他都由当地中共组织的书记兼任。如长沙的湖南分部主任，是中共湘区工作委员会书记毛泽东；武汉分部主任，是中共武汉区执行委员会书记包惠僧（后林育南继任）；广东分部主任，是中共广东区执行委员会书记谭平山(后冯菊坡继任);济南分部主任,是中共济南支部书记王尽美。各分部都在当地工人群众中开展了工作。例如:北京分部继续加强了在长辛店铁路工人中的工作,联系指导了天津、唐山等地工人运动,并通过《工人周刊》的广泛发行,在华北各地工人中起了鼓动作用。特别是 1921 年 11 月,北京分部派人到洛阳,帮助指导了陇海铁路工人的大罢工,对推动沿线各地工人斗争的高涨产生了重大影响。湖南分部除直接在长沙各地和安源煤矿工人中积极开展了工作外,还帮助黄爱、庞人铨改组了他们领导建立的湖南劳工会,领导开展了反对太平洋会议等大规模群众斗争。武汉分部通过在武汉各业工人中的宣传组织工作,于 1921 年 10 月和 12 月,先后领导举行了粤汉铁路徐家棚机车处和汉口租界人力车夫的大罢工,揭开了武汉地区工运高潮的序幕。

6 香港海员大罢工的胜利

中国共产党和中国劳动组合书记部成立后,在各地工人群众中积极开展的工作,推动了各地工人斗争的迅速发展。在这样的形势下,1922 年 1 月爆发了震惊全国和海外的香港海员大罢工。

香港被英国侵占以后,逐渐发展成为在英帝国主义统治下的远东金融、贸易和航运中心。英、美、法、日等许多国家,在香港设有航行东南亚和太平洋沿岸各国的轮船航运公司,其中除少数高级技职人员和监工是从它们本国聘请的以外,一般船员多由包工头招募廉价的中国劳工担任。在这些香港轮船公司工作的中国海员,不仅受到资本家和监工、包工头的重重压迫、剥削,工资待遇极低,劳动条件恶劣,而且还要遭受帝国主义者的种族歧视和凌辱。广大中国海员忍无可忍,一直酝酿着反抗斗争。五四运动前后,他们在航行途中,感受到世界各国正在高涨的工人斗争和革命潮流的影响,阶级觉悟迅速提高。1921年3月,他们在孙中山的支持和林伟民、苏兆征等海员积极分子的倡导下,成立了"中华海员工业联合总会",并立即开始了罢工斗争的酝酿准备工作。1922年1月的香港海员大罢工,就是在这样的基础上爆发的。

1921年9月和11月,中华海员工业联合总会代表香港全体中国海员,连续两次向各国轮船公司提出增加工资、承认工会有代表工人参加签订雇工合同的权利等要求条件,各公司都采取不予理睬的态度。1922年1月12日,在第三次要求遭到拒绝后,苏兆征所在的"海康轮"全体中国海员首先罢工。接着,所有到港各国轮船上的中国海员都纷纷响应,一周之内,参加罢工的海员达6000余人,被迫停航的轮船达120多艘。罢工海员陆续回到广州,在海员总会领导下建立了罢工总办事处,以苏兆征为总务科主任。不久,因总会会长国民党人陈炳生杀妻犯罪,遭香港政府通缉,不敢露面,即由群众大会选举苏兆征代理会长,全面负责大罢工的组织领导工作。罢工开始后,香港政府宣布戒严,出动军警封闭海员工会,逮捕罢工领导人,抢走工会招牌,企图威逼海员复工。当局的这些镇压措施,更加激起了罢工海员和香港各业工人的愤慨。1月底,香港码头装卸、搬运、仓库等运输工人2万余人,举行同情罢工,使香港的海上货运完全断绝,岛上生产、生活必需品的供应顿形紧张。2月下旬,全香港华籍工人宣布实行总同盟罢工,罢工人数激增至10万以上,岛上工商贸易活动几乎完全停止,使繁荣的香港变成了"死港"、"臭港"。

香港海员的大罢工,在国内和国际上引起了广泛的同情和援助。罢工开始不久,中国劳动组合书记部接到广州海员罢工总办事处的求援电报,当即联络上海各工界团体组织香港海员后援会,积极开展了募捐援助和致电慰劳、声援罢工海员等活动;特别是推举李启汉等为代表,劝说上海失业海员拒绝去香港代替罢工海员上船工作,挫败了香港航运业资本家派人到上海招募失业海员前去破坏罢工的阴谋。除上海外,广州、武汉、开封、长辛店、南口等许多地方和京奉、京汉、京绥、陇海、正太等铁路的工人,也在中共党员和劳动组合书记部各地分部的号召推动下,建立了"香港海员罢工后援会",开展了各种援助活动。除工人外,许多地方的学生及其他爱国人士也同情海员罢工,参与了各种声援活动。特别是正在韶关督师北伐的孙中山,对海员罢工表示了很大的关注和支持。在他的影响下,广东省政府先后拨给罢工总办事处10万余元,对罢工的坚持起了重要作用。在国际上,许多国家的工会发来了慰问电报。驻广州的"俄华通讯社"每天都将海员罢工消息向各国工人报道。正在广州访问的俄国共产党代表曾亲自到海员宿舍慰问罢工工人。在巴黎出版的法共机关报也曾经常报道香港海员罢工消息，并表示同情。

统治香港的英帝国主义者，态度极其横蛮顽固。他们在香港各业工人宣布实行总罢工后，仍拒绝海员要求，并宣布全市进入临战状态。3月4日，数千罢工工人步行回广州途中，在九龙附近的沙田，被港英当局的武装军警开枪拦截，当场打死工人4人，伤数百人，制造了灭绝人性的沙田惨案。帝国主义者的屠杀，激起全市尚未罢工的工人全都加入了罢工。在各种破坏罢工的手段都不能奏效，罢工造成的经济损失日益严重，岛内食品供应日益困难，各方面对港英当局的舆论谴责日益强烈的形势下，统治香港的英国政府才决定向罢工海员屈服。3月5日，港英政府被迫同意恢复被封闭的海员工会原状，送回被摘去的工会招牌；并与罢工海员签订正式协议，同意了增加工资、抚恤沙田惨案死难工人家属和罢工期间折半发给工资等项条件。罢工取得重大胜利，于3月8日起复工，前后共计56天。

这次香港海员大罢工，是中国工运史上一次规模空前巨大、组织领导空前坚强有力、在国内和国际上都引起了强烈反响的大罢工，它表现了中国工人阶级的空前觉悟和团结战斗精神。它的胜利，鼓舞了当时全国工人的斗争情绪，成了1922年全国罢工高潮的起点。

 第一次全国劳动大会

香港海员大罢工胜利后，中共中央根据各地工人斗争逐渐高涨的形势，决定由中国劳动组合书记部发起召开第一次全国劳动大会。为此,书记部于4月间向各地工会发出通告,5月1日大会如期在广州举行。参加大会的代表共173人,他们来自广州、香港、上海、北京、天津、唐山、武汉、长沙、南京、济南、太原、南昌等12个城市的100多个工会和工界团体,代表有组织的工人34万余人。代表中除有邓中夏、李启汉、张国焘、谭平山、张太雷等共产党员外,还有国民党员、无政府主义者、投机政客的招牌工会和劳资混合团体的代表。

　　5月1日,出席大会的全体代表和广州5万多工人举行了庆祝五一国际劳动节的群众大会和游行。在游行队伍中,领头的一面大旗便是"中国劳动组合书记部"。当天晚上举行了大会的开幕式。5月2日起,正式开会,共计开了6天。由于代表成分复杂,大会一开始就在主席团人选问题上发生了无政府主义者与国民党人的激烈争执。结果,主席团名单未能通过,大会执行主席一直由中共党员谭平山担任。大会经过讨论,通过了李启汉提出的《罢工援助案》和《八小时工作制案》、邓中夏提出的《全国总工会组织原则案》等9个正式决议案。在《全国总工会组织原则决议案》中,规定:组织工会"应当以产业组合为原则",但各种非产业工人仍可"沿用职业组合法以为着手之起点";"务必将每个地方所有各产业组合和职业组合的工人"组成各地方的联合会,"将来由地方联合会组成全国总工会"。大会还在关于召开第二次全国劳动大会的决议案中,规定之后每年"五一"召开一次全国劳动大会;第二年"五一"在汉口召开第二次全国劳动大会;在全国总工会成立以前,大会仍由中国劳动组合书记部负责筹备召集。大会还根据公众临时动议,决定在全国总工会成立以前,由中国劳动组合书记部担任全国工会的通讯机关。最后,大会同意李启汉的提议,由秘书处起草发表了《第一次全国劳动大会宣言》。《宣言》指出"这次大会已开了全国工人们联合起来的新纪元";号召全国工人"即刻联合起来,组成一个阶级的强固的紧密的阵线",向着帝国主义和封建军阀等阶级敌人作"不断的奋斗"。

第一次全国劳动大会的胜利召开,标志着中国工人运动开始走上了团结统一的道路,在中国革命和工运历史上都具有重要意义。

8　劳动立法运动的开展

一次劳大闭幕后,李启汉回到上海不久,帝国主义租界当局就以"煽动工潮"的罪名于6月初将他逮捕入狱,同时查封了中国劳动组合书记部机关和《劳动周刊》编辑部。这时,新近战胜奉系军阀、控制了北京中央政权的直系军阀吴佩孚,为了欺骗民众,捞取政治资本,宣布重开国会,讨论制定宪法,并声称"保护劳工"。在这样的情况下,书记部决定将总部迁往北京,利用北京政府宣布重开国会的时机,领导开展劳动立法运动;同时决定在上海设立分部,继续坚持在上海的工作。

1922年7月,中国劳动组合书记部总部迁到北京,改以邓中夏为主任,通过中共北方区委原有的《工人周刊》指导全国工运。为了开展劳动立法运动，邓中夏起草了《劳动法案大纲》19条和请愿书，以书记部总部和武汉、上海、湖南、广东、山东等分部的名义，于7月间送交国会，要求"尽量采纳通过，规诸宪法"。同时将《大纲》寄往全国各地工会和新闻机关，号召全国工会开展劳动立法运动。《劳动法案大纲》19条，是根据保障劳动者政治自由、改良劳动者经济生活、允许劳动者参加劳动管理、实施劳动补习教育等四项原则制订的，它反映了全国工人的共同要求。因此，劳动组合书记部的号召立即得到全国各地工人和工会的热烈响应。唐山京奉铁路、开滦煤矿、华新纱厂、启新洋灰厂等工会，首先起来组织"唐山劳动立法大同盟"，举行群众集会和示威游行，同时致电国会，要求通过书记部提出的《劳动法案大纲》，将其规定在宪法之中，并要求废除禁止工人罢工和集会、结社的《暂行新刑律》和《治安警察条例》中的所有条款。继唐山之后，郑州、长辛店的铁路工会和长沙、武汉、上海、广州、济南、天津等许多地方的工人团体，都纷纷建立或筹备建立劳动立法同盟，开展了和唐山类似的各种活动，在全国要求北京政府通过立法保障劳动者权利的强烈呼声此呼彼应。

劳动立法运动在全国进行了约3个月。由于当时的所谓重开国会、制定宪法，原本是军阀统治当局玩弄的骗局，书记部提出的劳动法案和全国工会的劳动立法要求，均被军阀控制的国会拒绝。但是，这次劳动立法运动，揭露了军阀统治当局的政治欺骗，提高了广大工人的政治觉悟；同时，经过这次运动，《劳动法案大纲》的

19 条要求,成了各地工人的斗争纲领,促进了全国各地工人罢工斗争的发展。

 9 全国罢工运动的继续高涨

在一次劳大和劳动立法运动的推动下,全国罢工运动继续高涨。到 1923 年 2 月以前,全国共发生大小罢工 100 多次,罢工人数在 30 万以上。这些斗争大多是在中共和中国劳动组合书记部及其分部领导下进行的。它们遍布全国各地,最为集中的是上海、广东、北方和两湖地区。

继香港海员大罢工之后,上海连续发生了浦东日华纱厂第一、二厂的两次大罢工,全市丝厂的两次大罢工,长江海员大罢工和邮政工人、法商水电公司水厂工人等罢工。其中,除两次丝厂罢工失败外,其他都取得了胜利。但是,从 6 月间帝国主义租界当局加强镇压罢工,封闭了中国劳动组合书记部上海总部后,上海的罢工浪潮开始低落下去。

1922 年 5 月,广东和香港、澳门等地曾连续发生多次大规模罢工。其中有广州 1000 余盐业工人的大罢工、香港电车工人同盟罢工和 3000 多过海小轮工人的大罢工等。特别是 5 月底,因葡萄牙殖民当局的士兵和巡捕侮辱中国妇女和屠杀大批工人,激起了澳门全市华人罢工罢市。中国劳动组合书记部通知全国各地工会,起来抗议葡萄牙殖民当局的暴行,支援澳门工人,并在上海联络 10 余个工界团体,组织澳门惨案外交后援会,致电南北政府,要求向葡萄牙当局严重交涉。但是,这时广东发生了陈炯明背叛孙中山的反动政变,上述这些斗争大多遭到失败。

1922 年 7 月中共二大以后,与劳动组合书记总部迁到北京的同时,书记部山东分部并入北方分部,以罗章龙、王尽美为正副主任,工作范围包括河北(当时称直隶)、河南、山东、山西、大连等地,工作重点是组织领导北方各大铁路和煤矿工人的斗争。北方工运从共产主义小组成立时起,就在李大钊领导下积极开展起来。1922 年 5 月,以吴佩孚为首的直隶军阀控制北京政权以后,李大钊通过私人关系,推荐了一批秘密的共产党员,去担任北京政府派往京奉、京汉、京绥、正太、津浦、陇海等六大铁路干线的密查员。他们利用这一身份在各大铁路工人中积极进行宣传组织工作,迅速推动了各路及其沿线工人斗争的发展。

1922 年 8 月 24 日爆发的长辛店铁路工人的大罢工,是北方地区这次罢工高潮的起点。这次罢工是在劳动组合书记部邓中夏等领导下进行的,参加的共 3000余人。罢工坚持两天,断绝南北交通,迫使路局承认工人俱乐部有推荐工人之权,同意全路工人每日增加工资1 角等项条件。长辛店工人罢工的胜利,鼓舞了北方各大铁路的工人斗争。此后,京奉铁路山海关机器制造厂工人,京奉铁路唐山制造厂工人,陇海路车务工人和正太铁路石家庄机器厂工人,都相继举行了大罢工,并取得了胜利。这个时期,北方地区最大的罢工,是 10 月 23日爆发的唐山开滦煤矿五矿同盟大罢工。这次开滦罢

工,是在劳动组合书记部和中共唐山地委领导下,由开
滦五矿工人俱乐部组织进行的。参加罢工的有唐山、赵
各庄、林西、唐家庄和马家沟等五矿工人共 3 万余人;加
上秦皇岛开滦码头的罢工工人,以及启新洋灰厂和华新
纺织厂举行同情罢工的工人,共计 5 万余人。罢工的主
要要求是增加工资、改善待遇、承认工人俱乐部等。罢
工开始后,霸占开滦的英帝国主义当局,勾结直系军阀
从天津开来大批武装警察,对罢工工人进行武力镇压。
26 日,罢工工人游行示威,要求释放被捕工人,警察开枪
射击,重伤 7 人,轻伤 57 人。随后警察当局下令封闭开
滦和唐山所有工会,禁止工人集会。中国劳动组合书记
部曾通知全国各地工会,并广泛动员社会舆论,声援开
滦工人。开滦工人进行了英勇反抗,坚持罢工 25 天。
最后,因生活困难,在矿局同意略加工资的条件下,于 11
月 16 日被迫复工。

两湖地区,包括湖北、湖南和赣西萍乡,是这次全国
罢工高潮的另一个中心地区。1921 年冬,粤汉铁路武
(昌)株(洲)段机车处和汉口人力车夫的两次罢工胜利
后,中国劳动组合书记部武汉分部,在 1922 年上半年积
极领导发展了武汉地区的工会组织。1922 年 7 月 16
日,汉阳钢铁厂工人为抗议厂方和军警阻止工人俱乐部
的成立,在书记部分部领导下举行了大罢工。在武汉各
业工人的支持和全国各地工会的声援下,罢工坚持 10
天,取得了完全胜利。这次罢工的胜利鼓舞推动了武汉
和湖北各地工人斗争的发展,成了湖北地区工会运动进
一步高涨的起点。这次罢工之后,武汉继续发生了许多

罢工斗争。其中规模和影响较大的是 8 月 13 日汉阳兵工厂工人罢工,9 月 9 日至 25 日粤汉铁路武(昌)长(沙)段工人大罢工,9 月 23 日至 10 月 7 日扬子机器厂工人的罢工,10 月 19 日至 11 月 1 日和 1923 年 1 月 3 日至 21 日汉口英美烟厂工人的两次罢工,等等。特别是由劳动组合书记部武汉分部和湖南分部联合领导的粤汉路武长段工人大罢工,经过十分激烈的斗争取得了胜利,对两湖地区工人斗争起了很大的鼓舞推动作用。

湖南地区的工人运动,在以毛泽东为首的中共湘区委员会和劳动组合书记部湖南分部的领导下,发展尤为突出。1922 年 1 月 17 日,湖南劳工会领袖黄爱、庞人铨在领导湖南第一纱厂工人罢工时,被统治湖南的军阀赵恒惕杀害,劳工会也随之被当局取缔。惨案发生后,中共湘区委员会立即领导开展了抗议活动,除通电声讨军阀罪行,向全省全国散发悼念黄、庞的刊物《血祭》外,毛泽东等还与劳工会领导人分赴上海、北京、武汉、天津、广州、桂林等地,掀起了声势浩大的"驱赵运动"。湖南地区的罢工高潮,是从毛泽东、郭亮等领导长沙、岳州铁路工人参加粤汉铁路武长段的大罢工开始的。继此之后,安源铁路煤矿工人、水口山铅锌矿工人和长沙各手工业行业与苦力运输工人,都纷纷举行了罢工斗争,并在毛泽东等共产党人的领导下取得了胜利。其中规模和影响最大的,是 9 月 14 日爆发的安源路矿工人大罢工。位于赣西与湖南接界的株萍铁路和安源煤矿,同是清末由官方创办的汉冶萍总公司的重要部分。毛泽东十分重视开展安源路矿工人的工作,1921 年冬他去该地工人中考察后,即派李立三去安源,以平民教育促进会的名义,于1922年1月创办了安源路矿工人补习学校。通过这个学校,培养了一批工人积极分子,先后建立了社会主义青年团和中共的支部,并于5月1日成立了以李立三为主任的安源路矿工人俱乐部。安源工人深受路矿当局和封建包工头的压迫,急切要求俱乐部领导他们斗争。经过充分的酝酿准备,俱乐部于9月11日向路矿当局提出保护俱乐部、每月津贴俱乐部经费200元、限期发清工人欠饷和增加工资等要求条件,限两日内答复。到期未见答复,俱乐部于9月13日深夜断然宣布罢工。罢工前夕,毛泽东到安源领导制定了正确的斗争策略,并派刘少奇来加强斗争的领导。罢工开始后,路矿两局工人1.3万余人,在李立三、刘少奇的率领下,严密地组织起来,进行了团结一致、义无反顾的斗争;同时广泛争取了社会各界的同情,迫使路矿当局于9月18日与俱乐部签订了13条协定,几乎全部满足了工人的要求。正如中国劳动组合书记部的贺电中所指出的,这次罢工充分表现了在共产党领导下的安源工人"是很有战斗能力和组织能力的"。罢工胜利后,安源路矿工人俱乐部成员由数百人猛增至1.2万余人,并按民主集中制原则,建立健全了从基层、分部到总部的各级组织机构和代表会议制度。俱乐部大力发展了职工业余教育,开办职工消费合作社。到当年11月,合作社资金已达1.8万余元。与此同时,中共和社会主义青年团的组织在安源工人中也有很大发展。由于安源工运在高涨时期在群众中进行了这些深入扎实的工作,使党、团、工会在安源工人中扎了根,有了广泛深入和坚实的群众基础,所以在不久到来的工运低潮中,能够抵抗敌人的压力而继续发展下去。这些成绩和经验,在当时其他地方是少有的,因而是很可贵的。

地方和产业工会联合组织的建立

随着罢工运动的高涨,各地工会组织都有很大发展。第一次全国劳动大会以后,为了按照大会决定的精神,筹备建立全国总工会,中共和劳动组合书记部积极推动了建立地方和产业工会联合组织的工作。1922年7月23日,劳动组合书记部武汉分部在领导汉阳钢铁厂工人大罢工期间,由汉口租界人力车夫工会、江岸京汉铁路工人俱乐部南段总部、徐家棚粤汉铁路工人俱乐部、扬子机器厂工人俱乐部等4个工团发起,成立了中国第一个真正的地方总工会——武汉工团联合会。不久,在汉阳钢铁厂罢工胜利的影响下,同属汉冶萍总公司的大冶钢铁厂和下陆铁矿等处,也建立了工人俱乐部(即工会)。为了适应这种形势,推动全省工会运动的发展,书记部武汉分部决定将武汉工团联合会,改组为湖北全省工团联合会,于10月10日正式宣布成立。省工联于11月26日召开代表大会,选举杨德甫为主席(后被捕叛变),许白昊、林育南、项英分任秘书、宣传、组织等科主任,并聘请施洋为法律顾问。当时参加省工联的工会共计27个,会员4.8万余人。

继湖北之后,劳动组合书记部湖南分部于11月5

日在长沙召开全省工会代表会议,通过了毛泽东起草的
《湖南全省工团联合会章程》,选举毛泽东为总干事,郭
亮为副总干事,正式成立了湖南全省工团联合会。先后
参加湖南全省工联的,有粤汉铁路总工会、安源路矿工
人俱乐部、水口山铅锌矿工人俱乐部、长沙各手工行业
和人力车夫等 14 个工会,会员 4 万余人。

12 月 10 日,由汉冶萍公司所属的汉阳钢铁厂工会、
大冶下陆铁矿工人俱乐部和安源路矿工人俱乐部等 5
个工会,联合建立了汉冶萍总工会。在汉阳钢铁厂召开
的成立大会上,选举刘少奇为委员长,并决定聘请陈潭
秋为顾问。参加总工会的各工团共有会员 3 万多人,是
我国成立最早、最有实力的产业总工会之一。

京汉铁路工人大罢工和二七惨案

1923 年 2 月的京汉铁路工人大罢工,是第一次全国
罢工高潮的顶点和"最后一个怒涛"。这次大罢工,是为
抗议军阀统治当局蛮横阻止京汉铁路工人建立全路总
工会而举行的。

中国共产党和中国劳动组合书记部成立以后,特别
重视开展铁路职工运动的工作。1921 年 11 月中共中央
发出的工作通告中,就要求各地党组织"以全力组织全
国铁道工会"。在全国罢工高潮中,各地铁路工人纷纷
建立工会或俱乐部,投入了斗争。1922 年 4 月 9 日,由
邓中夏主持,在长辛店召开了京汉铁路工人第一次代表
会议,决定开始筹备建立全路总工会。8 月 10 日,在郑

州召开京汉铁路第二次工人代表会议,决定在郑州建立全路总工会的筹备委员会,积极开展筹备工作。长辛店铁路工人的八月大罢工胜利后,京汉路全线各站都建立了工会,并影响推动了其他铁路工人的组织和斗争。同年11月20日,劳动组合书记部在北京召开全国铁路工人代表会议,由邓中夏主持,讨论通过了建立全国铁路总工会筹备委员会的决议,并决定1923年正式成立全国铁路总工会。鉴于京汉铁路总工会的筹备工作已经成熟,1923年1月5日,该路总工会筹备会决定2月1日在郑州举行总工会成立大会。筹备会除通知全路各站派代表出席外,还广泛邀请全国各地铁路工会和其他工界、学界、新闻界的代表作为来宾列席大会。但是,当全路代表和各地来宾齐集郑州准备开会时,坐镇洛阳的直系军阀头目吴佩孚突然命令驻郑州的军警阻止工人开会。工人派代表前往洛阳向吴佩孚交涉无效,决定不顾军阀的威胁,按期开会。2月1日,反动当局在郑州戒严,从代表住处到会场周围,密布荷枪实弹的军警,禁止工人通行。但是,京汉路工人代表和来宾300余人,加上郑州铁路工人1000余人,以乐队为先导,冲破军警的阻拦,强行进入会场,宣布大会开始。在军警的武力胁迫下,大会只宣布了京汉铁路总工会的正式成立,便不得不在高呼京汉铁路总工会万岁的口号声中草草结束,工人们愤怒地退出会场。

当天下午,反动军警又占领总工会会所,捣毁各地工会和来宾送来的匾额和办公用具,同时包围代表和来宾住宿的旅馆,不准供给食宿。在这种侮辱和压迫下,京汉铁路总工会于当晚召开秘密会议,决定于 2 月 4 日实行全路总同盟罢工。总工会迁至汉口江岸办公,并成立罢工委员会,统一指挥这次大罢工。2 月 2 日,总工会发表罢工宣言,号召全路工人"为争自由而战,为争人权而战"。《宣言》还提出了撤销京汉铁路局局长赵继贤、郑州警察局局长黄殿辰的职务,交还总工会会所,赔偿损失等 5 项要求。2 月 4 日,全路 3 万多工人全体罢工,从上午 9 时到 12 时,不到 3 个小时的时间里,全路客车、货车、军车一律停驶,长达 1200 多公里的铁路运输线完全陷于瘫痪。

2 月 4 日,中国劳动组合书记部发出通电,号召全国各地工人和工会"本阶级斗争之精神"给予京汉路工人"切实援助"。参加大会的各铁路和各地来宾回去以后,都立即发动群众,采取集会示威、通电抗议、捐款慰劳、同情罢工等各种方式,支援京汉路工人的罢工,同时动员社会舆论从各方面声讨军阀罪行,形成了空前未有的全国工人直接反对封建军阀的革命运动。

京汉铁路大罢工开始后的局势发展,威胁到北京军阀政府的统治和国际帝国主义的在华利益,引起了他们极大恐慌。各国驻华使团召开紧急会议,要求军阀统治当局立即采取严厉措施制止罢工。北京的"民国总统"黎元洪当即命令吴佩孚对罢工工人"严加镇压"。2 月 6 日,汉口英国领事召开了有湖北督军代表参加的会议,策划对罢工的镇压,决定调英国驻汉口的海军陆战队协助军阀对罢工工人的屠杀。罢工一开始,吴佩孚便调集大批军队,在京汉路沿线各站布防,准备屠杀工人。在得到帝国主义者的怂恿、支持和黎元洪的命令后，吴佩孚立即下令在长辛店、汉口江岸和郑州等地下毒手屠杀京汉铁路工人，胁迫工人复工。在长辛店，2月6日深夜，军阀军队逮捕了罢工领袖史文彬等11名工人。7日晨，3000多工人齐集警察署前，要求释放被捕工人。军警向群众开枪，并以马队践踏，当场打死工人纠察队副队长葛树贵等5人，重伤29人，被捕20余人。在江岸，军阀萧耀南派参谋长张厚生率军警包围江岸总工会，并开枪射击，当场打死工人纠察队副队长曾玉良等32人，伤200余人，被捕60余人。京汉铁路总工会江岸分会委员长林祥谦被捕后，被绑在江岸车站的电线杆上。张厚生用刀威逼林祥谦下复工令，但得到的回答却是："上工要总工会下命令"，"没有总工会的命令，我的头可断，工是不上的！"最后慷慨牺牲。当晚，京汉铁路总工会和湖北全省工团联合会的法律顾问、共产党员施洋也被捕，后英勇牺牲。与此同时，京汉铁路沿线的郑州、保定、高碑店等站工人也遭到军警的武力镇压。这次大屠杀牺牲的烈士有50余人，被捕入狱者百余人，负伤者500余人，被迫流亡者千余人。

二七惨案发生后，湖北全省工团联合会于当晚发出《武汉总同盟罢工全体动员令》。粤汉铁路（北段）总工会、汉阳钢铁厂工会、汉冶萍轮驳工会、扬子机器厂工会首先响应罢工，其他各业工人也都准备罢工。与此同时，全国各地铁路工人和北京、上海、长沙等地工界团体，都纷纷开展了声援、抗议活动。但是"二七"以后，武汉工人处在帝国主义的海军陆战队和军阀武装的恐怖统治下,开始罢工和准备罢工的都被立即镇压下去。鉴于形势恶化,为了保存实力,2月9日,京汉铁路总工会和湖北全省工团联合会下达复工令,劝说工人忍痛复工。罢工失败后,北方各铁路工会和武汉三镇的工会全被封闭。除广州、长沙、安源等地外,其他各地的工会大多遭到破坏或被迫转入秘密活动。中国劳动组合书记部总部也被查抄,干部被通缉,被迫又从北京秘密迁往上海。至此,这次全国工人运动高潮,暂时转入低潮。

京汉铁路工人大罢工虽然失败,但是它和整个第一次全国工运高潮,表明中国工人阶级在刚刚诞生的中国共产党和劳动组合书记部的领导下,已经迅速地成长起来,成了中国社会最有觉悟最富于革命战斗精神和组织纪律性的阶级,开始显示了它作为一个独立的和统一的阶级,在中国社会政治经济生活中的重要作用和强大力量。特别是它在"为自由而战,为人权而战"的口号下,率先把1922年7月中共二大提出的打倒帝国主义和封建军阀的革命纲领,变成广大群众的实际行动,表明中国工人阶级走到了各阶层人民革命斗争的前列,开始成为中国革命的先锋队和领导力量。同时,通过这次全国罢工高潮和二七斗争,中国工人阶级和共产党经受了锻炼,积累了经验,发展了组织,大大提高了在全国和国际上的政治声望,为进一步把工人运动和各阶层人民的革命斗争结合起来,实现工人阶级对全国革命的领导,作了准备。

三　大革命中的辉煌岁月和惨痛教训

　　二七惨案证明，帝国主义和封建军阀是工人阶级和全国人民的凶恶敌人。对于这样的敌人，单靠工人阶级赤手空拳的搏斗，是不可能取得胜利的。要实现中共二大提出的革命纲领，打倒帝国主义，打倒军阀，建立统一、独立和民主的国家，必须联合一切革命的阶级，开展革命的武装斗争。为此，中共于1923年6月召开的第三次全国代表大会，正式决定共产党员、社会主义青年团员以个人身份参加孙中山领导的国民党，来推动建立革命统一战线。1924年1月，孙中山在共产党人的帮助下，召开了中国国民党的第一次全国代表大会，发表了有明确反帝反封建革命内容的宣言，规定了联俄、联共、扶助农工的三大政策，选举产生了有李大钊等10多名共产党人参加的国民党中央领导机关，并决定会后继续依靠共产党人的帮助改组和建立国民党的地方各级党部。通过这次大会，正式形成了以国共合作为核心的革命统一战线，推动了全国革命和工人运动的发展，成了即将到来的大革命风暴的起点。

国共合作形成后工人运动的复兴

 国共合作为工人运动的恢复和发展，提供了便利条件。特别是国民党"一大"确立的联俄、联共、扶助农工三大政策，"一大"以后建立的大多由共产党人和国民党左派主持的国民党各级党部中的工人部，对推动各地工人运动的恢复、发展，起了重要作用。

国共合作后，国民党左派领袖廖仲恺任中央工人部长，中共广东区委工人运动委员会书记冯菊坡任该部秘书。中共利用这种条件，派遣干部到广州的兵工、铁路等产业工人中开展工作，先后建立了"兵工厂工人俱乐部"和粤汉、广九、广三铁路临时工会等组织；同时，帮助改组了电话、电报、轮船等工会。1924年5月1日，国民党中央工人部，召开了广州工人代表会议，选举产生了以共产党员刘尔崧为首的执行委员会，建立了在中共领导下的广州各业工会的领导机关——广州工人代表会。根据会议通过的决议，会后积极开展了整顿改组各业工会的工作。到年底，正式加入广州工人代表会的基层工会达到70多个，几乎占全市工会总数的一半。1924年7月15日到8月17日，在工代会领导下，广州沙面租界的3000多工人举行大罢工，迫使英法租界当局取消了限制中国人出入租界的所谓"新警律"。这次罢工的胜利，开始打破了"二七"以来工人运动的消沉局面，是全国工运由低潮开始复兴的象征。同年10月，广州工人代表会建立的工团军，协助孙中山平定了英帝国主义支持的商团叛乱，初步稳定了以孙中山为首的广东政权，推动孙中山颁布了中国第一个承认工人有组织工会和出版、言论、罢工等自由权利的《工会条例》。

1924 年 10 月，冯玉祥在北京发动政变，将其军队改称国民军，表示同情革命，给北方工人运动的恢复提供了有利的条件。中共乘机救出"二七"以来被捕的工人领袖，恢复了各大铁路和北京、天津、武汉等城市的工会工作。在此以前，1924 年"二七"周年纪念时，中共在北京秘密召开全国铁路工人第一次代表大会，成立了中华全国铁路总工会。但是不久，铁总秘密会址被敌人破获，被迫停止活动。北京政变后，在中共北方区委领导下，铁总于 1925 年"二七"两周年纪念时，在郑州公开召开了全国铁路工人第二次代表大会，正式重建了中华全国铁路总工会。随后，京汉、京奉、京绥等铁路总工会，也相继恢复或公开建立。

1924 年 5 月，中共在上海召开了中央执行委员会扩大会议，讨论了在国共合作条件下加强对工人运动的领导问题，决定在中央和各地党委的工农部中，设立职工运动委员会。会后，李立三、项英等被派往上海，与二七惨案后即到上海担任上海大学教务长的邓中夏一起，组成上海工运的领导核心。他们以上海大学培养起来的杨之华、刘华等为骨干，在沪西小沙渡和沪东、杨树浦等地创办了工人补习学校，通过补习学校，组织教育工人。从 1924 年 9 月起，先后在小沙渡建立了"沪西工友俱乐部",在杨树浦建立了"工人进德会"。到年底,沪西工友俱乐部在许多工厂中发展了组织,会员增加到近 2000 人,这就为即将到来的上海日本纱厂大罢工作了准备。

1925 年 1 月,中国共产党在上海召开了第四次全国代表大会,总结了国共合作一年来的经验教训,明确提出了无产阶级在民主革命中的领导权问题和工农联盟问题,在大会通过的《对于职工运动的决议案》中,强调在逐渐高涨起来的民族革命中,必须使工人阶级"有强固的群众的独立的阶级组织"。中共四大的决定,指导了全国各地工人运动的继续发展。在山东,1925 年 2 月初,胶济铁路工人举行大罢工,坚持 8 天,争得了承认工会为代表机关等条件,并正式成立了胶济铁路总工会。在北京,1~4 月,先后爆发了电车、织布厂、财政部印刷局等工人的罢工。在武汉,3~5 月间先后爆发了约万人的人力车夫大罢工,4000 多英美烟厂工人大罢工及糟房、纱巾厂、和记蛋厂、印刷厂等工人的罢工。到 1925 年 4 月,湖北全省工团联合会、汉冶萍总工会和武汉的纱厂、蛋厂、香烟厂等 11 个工会都已先后恢复。此外,唐山、杭州、苏州、南京、长沙等地也都发生了许多罢工斗争。

其间全国规模最大的工人斗争,是上海、青岛日本纱厂工人的大罢工。1925 年 2 月 4 日至 25 日,上海 22 家日本纱厂 4 万余工人,为了反对日本资本家用养成工代替成年男工、成批开除工人和打骂虐待工人等,举行大罢工。在邓中夏、李立三、项英、刘华、杨之华等领导下，以沪西工友俱乐部为基础，建立了罢工指挥部和沪西纱厂工会，团结全体罢工工人，坚持斗争 20 多天。最后迫使日本资本家答应了不许无故开除工人和增加工资等条件。在上海日本纱厂罢工胜利的影响下，4 月 19 日至 5 月 10 日，青岛 5 家日本纱厂和 1 家日本丝厂共 1.8 万工人，举行大罢工，反抗资方武力禁止工人组织工会。在中共青岛地区负责人邓恩铭和李慰农等领导下，罢工坚持了 22 天，迫使日本资本家签订了改善工人待遇和增加工资等 9 条协议，取得基本胜利。

上海、青岛日本纱厂工人的大罢工，揭开了五卅反帝爱国运动的序幕，预示着新的革命高潮即将到来。

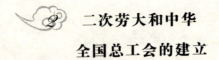

二次劳大和中华 全国总工会的建立

在工人运动已经恢复，革命高潮即将到来的形势下，中共中央职工运动委员会决定召开第二次全国劳动大会，建立全国总工会。

根据 1922 年一次劳大的决定，二次劳大应由中国劳动组合书记部发起召开。但是，"二七"以后，书记部处于非法地位，不能公开活动，同时，国共合作后，国民党内部反对孙中山三大政策的右派集团，勾结国内外各种反动势力，日益猖狂地在工会运动中进行反共分裂活动。他们网罗各地招牌工会和行帮组织中的工贼、流氓、投机政客等头目，拼凑"劳工反共产救国同盟"、"全国各省区工团联合会"等组织，来对抗、破坏中共领导召开二次劳大的计划，特别起劲地造谣攻击中国劳动组合书记部，使一些不明真相的工人组织对书记部产生了疑虑。为了避开国民党右派的干扰破坏，中共决定由中华海员工业联合总会、中华全国铁路总工会、汉冶萍总工会、广州工人代表会等四大工会作为发起单位。四大工会推举代表在广州建立了筹备处，于 1925 年 4 月 8 日发出通告，宣布大会于 5 月 1 日在广州召开，邀请全国各工团派遣代表出席。5 月 1 日，大会如期在广州召开。参加大会的代表共 281 人，代表全国 166 个工会，54 万余会员。大会的胜利召开，宣告了国民党右派抵制破坏这次大会的阴谋破产。

二次劳大共进行 7 天，通过了工人阶级与政治斗争、经济斗争、组织问题、工农联合、铲除工贼等 10 多个决议案，规定了中国工会在民族民主革命中的正确方针和组织原则。在大会通过的《工人阶级与政治斗争决议案》中指出："帝国主义与军阀统治的中国，民族革命是唯一的出路"；而"中国的民族革命运动，非得工业的无产阶级参加，并取得领导地位，提携着广大的农民群众进行，是不能成功的"。在大会通过的《经济斗争决议案》中，正确地阐述了工人阶级经济斗争和政治斗争的关系，要求"全国总工会在这次大会后，应具体地指导他所属各业工人，尽量利用一切可能的机会"，去进行争取最迫切的经济利益和民主权利的斗争。在大会通过的《组织问题决议案》中，规定工会必须设法使所有的工人参加；职工运动的组织形式，不仅要适合本国工业发达的程度，并且要适合本国政治的环境、文化的程度以及各地区的实际情况，"不可死板"；等等。这些规定都体现了实事求是的精神，对指导全国工会运动的发展起了重要作用。

二次劳大最重要的成果，是通过了《中华全国总工会章程》，选举产生了全国工会的统一领导机关——中华全国总工会。大会选举的全总第一届执行委员共25人，从中推举林伟民为委员长，刘少奇、邓培、郑泽生为副委员长，李森（即李启汉）为组织部长，邓中夏为宣传部长兼秘书长，还有经济部长孙云鹏（正太铁路工人领袖）、秘书科长戴卓民（香港海员工运骨干）等，由他们组成执行委员会干事局，负责主持全国总工会的工作。

在共产国际领导下的赤色职工国际派代表参加了二次劳大，并在大会上发表了演说。大会通过了《对于赤色职工国际代表报告的决议案》，指出："中国工人阶级此后应强固自己的组织，加入赤色职工国际，并拥护他的一切政策。"根据这个决议，中华全国总工会成立后便加入了赤色职工国际，成了"全世界无产阶级和被压迫民族的大本营中的一部分"。

 3　席卷全国的五卅反帝革命风暴

二次劳大闭幕不久，就从上海爆发了迅速席卷全国的五卅反帝革命风暴。

五卅运动的爆发，是革命统一战线建立后，中国人民与帝国主义及其走狗之间的矛盾斗争日益尖锐化的必然结果。它的直接导火线，则是 1925 年 5 月 15 日在上海日本纱厂发生的"顾正红惨案"。上海日本纱厂 2 月罢工胜利后，工会组织的迅速发展，引起了日本资本家的恐惧。他们决定利用纱布市场营业清淡之机，压缩生产，辞退工人，开始攻击工人。5 月上旬，他们公开撕毁在 2 月罢工结束时与工人签订的协议，任意克扣工资、开除工会积极分子。工人罢工反抗，日本资本家即以关厂相威胁，并于 5 月 15 日开枪杀害了带头进行反抗斗争的内外棉七厂工人、共产党人顾正红。

顾正红惨案发生后，中共中央和中共上海地委决定号召工商学各界社会团体，援助上海内外棉工厂罢工工人，掀起一个群众性的反对东洋人杀人的运动。5 月 16 日，由工商学界 35 个团体发起的"反对日人惨杀同胞雪耻会"宣告成立，号召各界抵制日货，募款救济被难工友，并举行了声势浩大的顾正红公祭活动。日益高涨的反帝运动，不仅使日本帝国主义深感不安，而且引起了其他帝国主义的惊恐，特别是引起了当时势力最大、向来把南部中国视为其势力范围的英帝国主义的恼怒和仇恨。5 月 21 日和 22 日，英帝国主义控制的上海公共租界工部局，连续逮捕为救助死伤工人募捐和参加顾正红追悼会的学生多人，扬言要对他们举行公审，激起了上海各校学生的更大愤慨。与此同时，工部局还决定于 6 月 2 日召开纳税人会议，准备不顾中国商人的反对，强行通过"增订印刷附律"、"增加码头捐"、"交易所注册"、"取缔童工法案"等

"四提案"，使反对四提案的上海民族资产阶级也卷入了反帝浪潮。根据这种形势，中共中央于5月28日召开会议，决定把工人阶级的经济斗争和正在蓬勃发展的反帝斗争汇合起来，使之转变为民族斗争；并决定于5月30日租界会审公廨"审判"学生之日，发动群众到租界演讲示威。5月30日，上海工人和学生2000余人，分赴公共租界各繁华马路演讲示威，抗议帝国主义者的上述种种罪行，散发"打倒帝国主义"等传单。统治租界的英帝国主义当局又指使巡捕大肆逮捕学生，关押在南京路老闸捕房的学生达百余人。下午3点多，示威工人、学生和市民群众万余人，聚集在老闸捕房门前，要求释放被捕学生。英帝国主义者指挥巡捕开排枪射杀群众，当场死13人，重伤数十人，轻伤无数，另有50余人被捕，制造了震惊中外的五卅惨案。

当天深夜，中共中央召开紧急会议，决定组织行动委员会，建立各阶级的反帝联合战线，发动全上海的罢工、罢课，并推动总商会下令罢市。为了贯彻这次会议的决定，5月31日，上海工人、学生、小商人等数千人，聚集到大资产阶级控制的上海总商会，举行各界联合群众大会，促使总商会同意随工人、学生的罢工、罢课，下令商人罢市。当天晚上，上海各工会代表举行联席会议，决定公开成立上海总工会，选举李立三为委员长。到上海筹建全国总工会办事处的刘少奇也参加了上总的领导工作，担任了相当于秘书长的总务主任职务。上海总工会公开成立后，发表了

《六一宣言》,宣布实行全市总同盟罢工。到 7 月 13 日,上海外资企业工人参加罢工的共 107 处 13 万余人;到 21 日,外资、中外合资和少数中国工厂参加反帝罢工的,增加到 206 处 20 余万人。6 月 4 日,由上海总工会等团体组成了这次反帝运动的联合领导机构——上海工商学联合会,联合会向帝国主义各国和租界当局提出了撤退外国在华海、陆军,取消领事裁判权,收回会审公廨和惩凶、赔偿、道歉等 17 项交涉条件,把上海人民的反帝爱国运动推向高潮。

为了加强对五卅反帝罢工斗争的领导和推动工会组织的发展,上海总工会于 6 月 19 日发出通告,在工人集中的地区设立了 5 个办事处。到 9 月中旬,上海总工会领导下的工会组织已从"五卅"开始时的 20 多个,发展到 128 个,会员由 2 万多人增加到 24 万余人。在加强基层单位和地区工会的同时,上总还按系统联合组成了铁厂总工会、印刷总工会、纱厂总工会、运输总工会等产业总工会。在反帝革命风暴中崛起的上海总工会,被当时舆论称为"20 万罢工工人之总枢"和真正代表上海工人阶级利益的一面光辉旗帜。而上海原有的一些由工贼控制的招牌工会拼凑起来的上海工团联合会,这时则遭到广大工人群众的厌弃,被淹没在反帝爱国的革命浪潮之中。后来一些受其蒙蔽的工人团体,纷纷退出该会,转入上海总工会,使这个工贼"联合会"分崩离析,被迫于 1925 年 9 月自行宣告解散。

上海人民轰轰烈烈的反帝斗争,给帝国主义侵略者以沉重打击。但是，侵略成性、欺压中国人民已经80多年的各帝国主义强盗，继续加强对中国人民的血腥镇压。五卅惨案后，他们动员租界巡捕和所谓的万国商团（军），并调集英、美、日、法、意等国驻沪军舰上的海军陆战队全部登陆，继续逮捕屠杀进行反帝爱国活动的工人、学生等群众。在"五卅"以后的10余日内，帝国主义各国武装屠杀中国民众的惨案"日必数起，死伤时有所闻"。

帝国主义者的继续屠杀，激起了中国人民更加强烈的反抗。为了破坏中国人民的反帝斗争，帝国主义者利用资产阶级特别是大资产阶级的动摇性和妥协性，加紧进行分化瓦解反帝联合战线的阴谋活动。在帝国主义者的阴谋策动下，6月26日上海资产阶级宣布单独开市，退出三罢斗争；后来还帮助帝国主义和军阀当局破坏反帝罢工和工会组织。在资产阶级的影响下，学生群众的斗争情绪也逐渐涣散低落，使工人阶级的反帝罢工陷于孤军奋战的境地。与此同时，奉系军阀和帝国主义勾结起来，加紧了对反帝运动的镇压。8月20日，北京军阀政府通令各地取缔一切工会。9月18日，奉系军阀的淞沪戒严司令部，派出军警查封了上海总工会机关，并限令全市各工会"自行解散"，使上海总工会及其所属各业工会被迫转入秘密活动。鉴于斗争形势日趋恶化，为了保存革命力量，准备新的斗争，中共中央和上海总工会决定暂时结束这次反帝大罢工。由于李立三遭到反动当局的通缉，已于8月下旬离开上海。刘少奇带病秘密坚持了上海总工会的领导工作。他组织罢工工人于 8 月下旬到 9 月下旬，在取得某些经济和局部胜利的条件下，先后实现了日本纱厂、日轮海员和英商企业等分批复工。

五卅惨案激起了全国人民的民族义愤。继上海三罢斗争之后，全国大多数城市和部分集镇的工人、学生、中小商人等，都纷纷起来举行集会、游行、罢工、罢课、罢市和抵制英、日货等各种形式的斗争，抗议英、日帝国主义屠杀工人、学生的暴行，支援上海工人、学生的反帝爱国斗争，迅速在全国掀起了空前伟大的反帝革命风暴。据统计，全国各地约有 1200 万人直接参加了这次运动；其中工人约 50 万，他们是这次运动的中坚和主力，各地工人的反帝斗争，"几成全国总罢工形势"。天津、青岛、南京、九江、汉口、长沙、重庆等许多地方都发生了帝国主义和反动军阀屠杀工人的惨案。但是，各地工人英勇不屈，仍坚持斗争。总之，工人阶级在这次反帝运动中，死伤最多、牺牲最大、主张最为急进、最能坚持奋斗，"足以证明工人阶级在国民革命运动中之领导地位"。

威震华南的省港大罢工

在全国响应五卅运动的反帝浪潮中，广州、香港工人举行了威震华南的省港大罢工。

上海发生五卅惨案的消息传到广州，中共广东区委、中华全国总工会和广州工人代表会，立即发动广州工人、学生和其他民众万余人，于 6 月 2 日举行了抗议帝国主义暴行、声援上海人民的示威游行；并决定发动香港和沙面租界的工人举行反帝大罢工。随即派邓中夏、苏兆征、杨殷代表全总去香港，李启汉、刘尔崧代表全总和广州工人代表会去沙面，分别联络两地的工会进行大罢工的酝酿准备。6月13日，全总公开宣布设立省港罢工委员会临时办事处，同时决定由邓中夏、林伟民、苏兆征、李启汉等组成罢工领导核心。

一切罢工准备工作就绪后，6月19日起，震惊中外的省港大罢工爆发了。首先是香港10多万工人罢工，陆续回到广州。接着，沙面洋务工人也宣布罢工，成立了"沙面中国工人援助上海惨案罢工委员会"。

省港罢工开始后，盘踞沙面租界的英、法、日、美等帝国主义，调集八九十艘军舰到广州江面，并在沙面增兵布防，威胁广州。为了声援上海的反帝斗争，抗议帝国主义对广州的武力威胁，6月23日，广州工人、学生、四郊农民、革命军人和罢工工人，共10万余人，举行了声势浩大的群众集会和示威游行。当游行队伍行至与沙面租界邻近的沙基大马路时，预先埋伏在沙面的英法军队，突然开枪向游行队伍扫射，停泊在附近江面的帝国主义军舰也向游行队伍开炮。游行群众被打死52人，重伤170多人，轻伤无数。沙基惨案，是五卅运动中帝国主义最为残暴的大屠杀，激起了中国人民更大的愤怒。惨案发生后，反帝罢工继续猛烈扩大，到6月底，罢工人数达到25万。

为了把20多万罢工工人严密地组织起来，充分发挥他们的战斗作用，中华全国总工会于 6 月 23 日召开罢工工人临时代表大会，决定按民主集中制的原则，每 50 人选举一位代表，组成省港罢工工人代表大会，作为罢工工人最高议事机关，从 26 日起，间日开会一次，讨论决定有关罢工的一切重大问题。在代表大会下，由全国总工会、全港工团联合会推举和沙面洋务工人罢工委员会推举的代表 13 人，组成省港罢工委员会，作为领导罢工的最高执行机关。罢工委员会选举苏兆征为委员长兼财务委员长、李启汉为干事局长，并聘请邓中夏为罢工代表大会顾问、廖仲恺为名誉顾问。罢工委员会出版了《工人之路》特号，举办了工人食堂、宿舍、宣传学校和医院等设施，并设立了法制局、会审处；还建立了由 2000 多工人组成的武装纠察队，负责封锁香港和维持罢工秩序。省港罢工的这套组织职能，在团结罢工工人长期坚持罢工斗争上起了重要作用。

省港大罢工在政治上、经济上给了英帝国主义以空前沉重的打击。英帝国主义者曾在《伦敦邮报》上悲叹："1925 年英国尊严之堕落，实为中英通商二百年来所未有。"特别是日益加强的对香港的封锁，使香港的航运和商务基本停止，因而罢工一日，港英当局就要损失 700 万元。另一方面，在中共和全国总工会的领导下，罢工工人实行了"单独对英"、"工商联合"和"工农联盟"等政策，促进了广东民族工商业的繁荣和各地农民运动的发展。

在省港大罢工期间，全总积极促进了广州、香港的工会统一运动。1926 年 4 月 16～23 日，在刘少奇、邓中夏等指导帮助下，由香港海员和运输总工会委员长苏兆征等发起，在广州召开了全港工会代表大会，正式成立了香港总工会。到同年 9 月，先后参加总工会的有全港 120 多个工会以及 5 个产业和行业总工会。与此同时，广州的工会统一运动也取得了很大成绩，先后建立了全国铁路总工会广州办事处等十几个产业工会联合组织。

省港大罢工，为促进广东革命政权的巩固和革命根据地的统一作出了重要贡献。省港罢工前，广东南部有反动军阀邓本殷盘踞，东面潮汕一带还在陈炯明叛军的控制下，广东革命政权的势力只及于广州附近一带。同时，广州政府内部成分复杂，国民党右派勾结各种反动势力，夺取政府权力，进行反革命活动，打击共产党和国民党左派，气焰十分嚣张。省港罢工后，10 余万充满革命激情的罢工工人聚集广州，坚决支持广州政府中的革命势力，从而大大改变了广州地区阶级力量的对比。在共产党和罢工工人的支持下，1925 年 7 月 1 日，国民党左派将原来孙中山建立的广州军政府，改组为国民政府，宣布实行军政、民政和财政的统一。此举引起了帝国主义、封建军阀和国民党右派的惊恐，他们互相勾结，加紧进行对广州国民政府的颠覆和破坏。8 月 20 日，发生了国民党左派领袖廖仲恺被刺身亡的严重事件。接着，陈炯明、邓本殷在帝国主义的支持下，分别从东面和南面向广州进攻。在这危急关头，省港罢工工人，誓为革命政府后盾，积极敦促和协助广州国民政府开展除奸运动，严厉打击和清除了混在国民政府内部的反革命派，从而使国民政府转危为安。接着，省港罢工工人又积极参加和支援了广州国民政府的东征和南征，彻底消灭了陈炯明和邓本殷两个军阀，实现了广东革命根据地的统一，为广州国民政府出师北伐作了重要准备。

 5　热烈支援北伐战争

　　1926 年 7 月，广州国民政府适应形势发展的需要和广大人民的呼声，正式出师北伐，开始了武装扫荡北洋军阀反动统治的战争。

　　在北伐前夕，为了总结"五卅"以来工人运动的经验教训，迎接即将到来的北伐战争，中华全国总工会于 1926 年 5 月 1 日至 12 日，在广州召开了第三次全国劳动大会。出席大会的代表共 502 人，代表 699 个工人团体，124 万余会员。大会总结了"五卅"以来工人运动的经验，通过了《中国职工运动总策略》、《劳动法大纲》等决议案和《为促进北伐向国民政府请愿书》等文件。大会选举执行委员 35 人，候补委员 17 人，组成新的全总执行委员会；从中推举苏兆征为全总委员长、项英为副委员长、李立三为组织部长、邓中夏为宣传部长、刘少奇为秘书长。大会号召全国工人与一切革命民众，"自珠江流域以至长江流域与黄河流域直至东北，应为北伐军布置胜利的战线，期国民革命之早日完成"。

北伐战争开始后，中华全国总工会于 7 月 25 日发表《对国民政府出师宣言》，号召受帝国主义和军阀压迫的民众，极力地赞助国民革命军，使之得到胜利。同时，《宣言》针对以蒋介石为首的国民党新右派借口北伐限制人民自由、压制工农斗争的《告工人书》，强调"国民革命军所到之地，应该拥护人民一切的利益，赞助人民各种的自由，并应帮助工农阶级的组织，扶助一切民众运动的发展"，否则北伐战争就不能达到应有结果。

第三次全国劳动大会和全总的《宣言》，指导了北伐战争中的工人斗争。

北伐战争一开始，各地工人就投入到了支援北伐军的热潮中。例如，北伐军从广东出发时，省港罢工委员会、广州工人代表会和广州各业工会，以及香港金属业总工会等，都动员大批工人组织了运输队、修械队、交通队、卫生队、宣传队等，随军出征，仅由省港罢工工人组成的运输队，就有 3000 余人。北伐军进入湖南后，湖南全省工团联合会发动全省工人，以侦察、带路、运输、宣传、慰劳、直接参加作战等各种方式，热情支援了北伐军的作战。特别是湖南全省工团联合会组织了 1000 多人的工人保安队，配合北伐军攻占长沙。当敌人溃退时，工人保安队立即奔赴城厢内外重要路口，维持秩序，并将敌军残部缴械，武装了自己。北伐军进攻武汉时，汉阳兵工厂工人举行罢工，铁路工人组织破坏队，牵制了敌军的行动。此外，北伐军中路在江西、江苏的作战，东路在福建、浙江的进军，工人群众也给予了大力援助。当时的《革命军日报》在评论南昌战役的胜利时说："革命军所以得到许多特殊利益，全靠了民众的热心帮助。所以我们这次胜利，完全是军人与民众合作所得来的。"事实说明，工农群众的奋勇参战和热烈支援，是北伐军能够在长江流域迅速取得胜利的重要原因。

6 北伐军占领地区工会运动的猛烈发展

工农群众的支援，加速了北伐战争的胜利；而北伐战争的胜利，又促进了工人运动的迅猛发展。

湖南湖北是北伐军最早占领的地区，工农群众运动的发展，也最为猛烈迅速。北伐军入湘前，湖南只有工会 76 个，会员 11 万人。北伐军攻克长沙后，湖南全省工团联合会于 8 月下旬改组为湖南全省总工会，并发表通告，指出："现在湖南在国民政府统治之下，工人组织尤应尽力发展，以图统一组织工人，巩固革命基础。"1926 年 12 月 1 日，湖南全省总工会在长沙召开了全省第一次工人代表大会，检查总结了过去奋斗的成绩和经验，确定了今后进行的方针，选举产生了以郭亮为委员长的省总新的执行委员会。到 1927 年 2 月，湖南全省工会发展到 533 个，支部 166 个，会员总数达 32 万余人。在湖北，北伐前有 13 个工会。1926 年 9 月 6 日和 7 日，北伐军占领汉阳和汉口后，中华全国总工会在汉口友谊街设立办事处，以李立三为主任、刘少奇为秘书长，负责指导两湖和豫、皖、赣、川等省工运，并立即筹建湖北全省总工会。10 月 10 日，北伐军攻克武昌当天，在汉口举行了湖北全省总工会成立大会，选举向忠发为委员长（后被捕叛变），并在武昌、汉口、硚口设立办事处。到 1927 年 1 月召开湖北全省总工会第一次代表大会时，全省工会组织已发展到 274 个，会员达 31 万人。

从 1926 年 11 月到 1927 年 3 月，北伐军先后占领了赣、闽、皖、浙、苏等东南五省，这些省的工会组织也随之迅速发展起来。如北伐前工会基础较差的江西省，北伐军占领后，从 1926 年 10 月到 1927 年初，各地基层工会纷纷建立，并在此基础上，先后建立了吉安、赣州、南昌、九江、景德镇、抚州等总工会。1927 年 1 月，江西全省总工会筹备处在南昌成立，下辖 42 个县市总工会或筹备处，有会员 16 万余人。同年 2 月 23 日，江西省第一次工会代表大会在南昌召开，正式成立了江西省总工会。这时，全省工会会员已发展到 30 余万人。

与工会组织迅猛发展的同时，北伐军占领地区工人群众的经济斗争和政治斗争也猛烈地开展起来。通过斗争，广大工人群众的经济生活和政治地位普遍有了改善。湖南工人在北伐军占领后的 5 个月间，共举行了 253 次政治运动，108 次经济罢工；有 30 万工人增加工资 20% 到 50%。武汉地区工人从 1926 年 10 月到 1927 年 4 月，罢工 300 多次，工人平均增加工资约 1 倍；各地工人在斗争中废除了封建把头和包工制度，有的地方工会还提出了实行企业民主管理的要求。其他北伐军占领地区的工人，也都通过斗争取得了类似的胜利。这些胜利极大地激发了广大工人群众的革命积极性和参加革命战争的热情。但是，在各地工人斗争中也出现过一些要求过高、斗争过火的现象，对革命产生了不利的影响。

1927年2月初，全国总工会由广州迁到汉口，在广州设立办事处，以李启汉为主任。2月20至26日，全总在汉口召开了执委扩大会议，通过了《全国工人阶级目前行动总纲》等决议案。因全总委员长苏兆征出任武汉国民政府劳工部长，会议选举李立三为全总代理委员长。根据会议的决议，全总以武汉为中心，加强了对全国工人运动的指导。

武汉、九江工人收回英租界

在配合北伐战争发展起来的工人运动中，武汉、九江工人收回英租界的斗争，具有特别重大的意义。

1927年1月1日至3日，武汉工人和各界人民举行庆祝国民政府迁都武汉和北伐胜利的活动，引起了正在叫嚣要武力干涉中国革命的英帝国主义的嫉恨。1月3日，武汉各团体在参加了庆祝大会以后，分散到各处进行街头宣传。下午2时，中央军事政治学校宣传队在汉口江汉关前广场向群众发表演说。英国租界当局从停在长江的军舰上调集大批水兵上岸，驱赶宣传队和听众，用刺刀刺死海员1人，重伤数人，轻伤30余人。

英帝国主义的暴行，激起了武汉全市工人和各界人民的无比愤怒。各界民众从四面八方汇集起来，包围了英国租界。正在举行的湖北全省第一次工会代表大会得知这一消息，决定会议暂停，立即投入这场斗争。当晚，中共湖北省委、全总汉口办事处和湖北全省总工会召开联席会议，讨论通过了对英斗争的 6 项条件，决定领导各界人民开展收回英租界的斗争。4 日上午，武汉工农商学各界 200 余团体召开联席会议，在省总工会提出的 6 项条件基础上，形成了对英斗争 8 项条件。会后，由李立三、刘少奇和林育南、许白昊、项英等分别代表全总和湖北全省总工会前往国民政府请愿，要求按 8 项条件与英交涉；政府表示完全接受工会的要求。在政府的支持下，武汉人民的反英怒潮继续高涨。1 月 5 日，武汉工人和各界民众 30 万人举行追悼"一三"惨案死难同胞和反英示威大会。会后，群众在李立三、刘少奇、许白昊等共产党人和工会领袖率领下，冒雨进行声势浩大的游行示威。各路游行队伍由工人纠察队带头，冲进租界，赶走了英国巡捕，扯下了英国国旗，升起了中国国旗。

正当武汉工人收回英租界的斗争还未了结的时候，1 月 6 日，又发生了英国水兵在九江枪杀中国工人的惨案。其起因是：1926 年 12 月 26 日，九江英商太古、怡和两轮船公司和日商日清轮船公司的码头工人，为要求承认工会、增加工资，举行罢工。经过斗争，日清公司接受了工人的要求，于 1 月 4 日复工。但太古、怡和公司拒不接受工人要求，还雇用工贼搬运货物，企图破坏罢工。6 日，有人受雇为英人搬动行李上船，工人纠察队员吴宜山上前制止，被英水兵用枪柄打死，另有 12 名工人被打成重伤。英国军舰还鸣炮示威。惨案发生后，中共九江市委和九江市总工会立即组织了以工人为主体的数万群众，高呼"收回英租界"、"打倒帝国主义"等口号，突破英帝国主义的武装警戒，冲进英租界，把英国巡捕和英水兵赶上英舰，一举占领了九江英租界。

武汉、九江工人收回英租界的斗争，得到了全国各界人民和国际无产阶级的广泛同情和声援。北京、上海、西安等地各界民众纷纷发表通电，谴责英帝国主义，支持武汉、九江工人的斗争。南昌、长沙召开了大规模的群众集会，声讨英帝国主义，追悼汉浔死难烈士，并决定对英实行经济绝交。共产国际曾为此事发出通告，号召全世界无产者团体，在"勿侵略中国之旗帜下奋斗"。英国共产党号召英国劳工团体起来，要求政府撤回驻华军队、战舰，承认武汉国民政府。在武汉、九江工人事实上已经占领了英租界的情况下，在国内外的声援支持下，武汉国民政府经过交涉谈判，迫使英国政府于 2 月 19 日和 20 日分别签订协定，同意将汉口、九江英租界无条件还给中国。这是近百年来中国人民反帝斗争史上的一次空前壮举。

 ## 上海工人三次武装起义

为了配合北伐战争，从 1926 年 10 月到 1927 年 3

月，中国共产党和上海总工会领导上海工人阶级，先后举行了三次武装起义，把大革命高潮中的工人运动，推进到了新的高峰。

北伐战争开始后，中共上海区委和上海总工会根据中共中央的指示，从 1926 年 9 月起就着手进行工人武装起义的准备。他们秘密建立了约有 2000 人的工人纠察队，设法在北洋军阀驻沪海军中建立了共产党秘密组织，策动部分水兵准备配合武装起义。这时广州国民政府派驻上海的军事特派员钮永建，也在策动浙江省主席夏超倒戈反对所谓东南"五省联军总司令"、直系军阀孙传芳。他与中共商定，待夏超宣布独立，派兵向上海进攻时，共同在上海举行武装暴动。10 月 23 日，中共上海区委根据钮永建提供的夏超独立和孙传芳在江西前线溃败的传闻，决定当天下午与钮永建各自指挥自己的队伍举行武装起义。但是，当时夏超独立已遭失败，钮的队伍没有行动。中共事前约定作为起义信号的军舰炮声也没有发出，只有少数缺乏武装的工人纠察队进行了零星的起义战斗，很快就被敌人武力镇压下去。结果，100 多工人被捕，工人领袖陶静轩、奚佐尧等 10 多人英勇牺牲。

第一次起义失败后，中共上海区委及时总结经验教训，决定更广泛地发动和组织群众，扩大反帝反军阀的联合战线，为举行第二次武装起义，进行思想上和组织上的准备。1927 年 2 月中旬，北伐军占领杭州，开始向上海进军，上海工人武装起义的有利形势开始到来。2 月 16 日，中共上海区委决定举行第二次武装起义来迎接北伐军。2 月 18 日晚，上海总工会召开全市各工会代表会议。会上得知北伐军先锋已进抵距上海 80 公里的嘉兴，当即决定于 19 日举行全市工人总同盟罢工，提出"以罢工响应北伐"、"罢工打倒孙传芳"的口号。19 日总同盟罢工开始，到 22 日，参加罢工的工人达 36 万余人。22 日，中共上海区委决定将总同盟罢工转变为武装起义。但是，北伐军东部总指挥白崇禧命令驻嘉兴的部队按兵不动，钮永建策动的兵变和资产阶级配合举行罢市的诺言，都没有实现，使工人的起义行动陷于孤立。加以暴动的组织指导和技术准备等方面的一些缺点，使第二次武装起义也失败了。起义中，工人牺牲 40 余人，被捕 300 余人。

第二次武装起义失败后，随着东西两路北伐军继续向上海逼进，中共中央和上海区委、上海总工会加紧了对第三次武装起义的准备。中共中央建立了专门负责起义领导工作的特别委员会，由总书记陈独秀、军委委员周恩来、上海区委书记罗亦农、组织部长赵世炎、职工运动委员会书记兼上海总工会代理委员长汪寿华等 8 人组成。在特委之下，还建立了以周恩来为首的特别军事委员会，负责起义的军事准备工作和起义时的军事指挥。到 2 月底，全市工会会员增加到 28 万余人，工人纠察队扩大到 5000 人。周恩来主持制定和实施了《武装暴动训练大纲》，加强了对工人纠察队的武器使用和战术训练；同时设法购买枪支弹药，加强了纠察队的武器装备。上海区委和总工会还根据特委决定，通过分区召开市民代表大会，动员各界民众准备配合、支持工人起义，并为起义胜利后建立市民政府作了准备。

正当起义准备工作逐渐成熟起来的时候，3 月 20 日，北伐军东路总指挥白崇禧的先头部队抵达上海近郊新龙华；城内本来空虚的军阀统治势力已成了惊弓之鸟，上海工人第三次武装起义的时机到了。根据中共中央特委的决定，3 月 21 日清晨，上海总工会发出全市总罢工的命令。到中午 12 时，全市 80 万工人参加罢工，并随即开始武装起义。按预定计划，全市分为 7 个地区。各区工人罢工后，即向指定地点集合，在武装的工人纠察队带领下分头攻占警察署、警察所、保安队、巡逻队等反动机关和电话局等要害部门。各区起义工人大多没有遇到严重抵抗，在几小时内就迫使反动军警缴械投降，顺利完成了任务。只有攻占宝山路东方图书馆的军事据点和歼灭敌人由吴淞铁路运到天通庵车站的增援部队的战斗，颇为激烈。特别是与闸北火车站负隅顽抗的敌军的战斗，激战至 22 日晚 6 时，才最后取得胜利。至此，上海工人第三次武装起义，推翻了北洋军阀在上海的统治，取得了胜利。3 月 22 日，各界人民在南市召开市民大会，通过了由上海总工会提出的 22 条政治经济总要求，选举产生了工人阶级占优势，包括有资产阶级、小资产阶级代表人物和北伐军将领参加的上海特别市临时委员会，准备正式建立上海市民政府。

上海工人三次武装起义，是中国工人阶级响应配合北伐战争，在帝国主义和封建军阀统治下的最大的工商业城市，进行的一次武装推翻反动政权、建立革命政权的英勇尝试和伟大创举。它的胜利沉重地打击了当时统治中国的内外反动势力，充分表现了中国工人阶级的战斗力量和革命勇气。

国民党背叛革命和工人运动惨遭摧残

上海工人武装起义的胜利，是国共合作条件下发展起来的大革命风暴和工人运动高潮的顶点。起义胜利不久，就发生了蒋介石镇压屠杀上海工人的四一二反革命政变，使全国革命和工人运动遭受严重挫折，开始由高潮转向低潮、由胜利走向失败。

蒋介石原是一个投机钻营的野心家。北伐开始后，他一面利用北伐为他个人扩张势力，扩大地盘；一面准备背叛孙中山的三大政策，打击共产党，独吞革命胜利果实，建立他的反革命军事独裁统治。随着北伐战争的胜利，1926 年 11 月他将总司令部移驻南昌，开始与英日帝国主义及江浙财阀的代表密谋破坏革命。

1927 年 3 月 6 日，他指使其驻赣州的部队杀害赣州总工会委员长、共产党员陈赞贤，开始动手屠杀共产党人，血腥镇压工农群众运动。3 月中旬，正当上海工人准备举行第三次武装起义的时候，蒋介石从九江乘船赶赴上海，准备屠杀上海工人。3 月 26 日，即上海工人起义胜利后的第四天，蒋介石到达上海。他立即亲自出马与英、美、日等帝国主义勾结，同时与原在上海的国民党老右派、江浙财阀和青帮大流氓头子等反动势力密谋策划，加紧进行全面反共和大规模镇压屠杀上海工人的反革命政变的罪恶阴谋。

随着蒋介石反革命活动的加紧，中共党内对他的面目逐渐有所认识。但是，以陈独秀为首的中央，始终不敢依靠工农群众与蒋介石进行针锋相对的斗争，反而在他加紧准备全面反共的危急时刻，还在幻想用迁就、容忍甚至讨好的态度去拉拢他，以致受其愚弄，使工人阶级对其反革命政变和屠杀没有能够进行必要的防备和有效的抵抗。蒋介石的四一二反革命政变，就是在这样的情况下发生的。

按照蒋介石的预定计划，4月11日晚上，青帮大头目杜月笙首先用计骗杀了上海总工会代理委员长汪寿华。接着，蒋介石指使青帮恢复起来的中华共进会流氓武装1000余人，臂缠白布"工"字袖章，从帝国主义租界冲出，于12日凌晨开始袭击上海总工会和各工人纠察队驻地。正当纠察队准备还击时，事先布置在附近的驻军立即出动，以制止"工人内讧"为名，采取欺骗和强制手段，将各区纠察队全部缴械，并占据了上海总工会会所。在抵抗中，工人纠察队员被打死60余人，伤220余人。当天下午，上海总工会召开数万人的群众大会，决定自即日起举行全市总罢工，进行抗议，并于会后带领愤怒的群众夺回了总工会会所。次日上午10时，上海总工会再次召开有6万多工人参加的群众大会，提出发还工人纠察队武装、严惩破坏工会的凶手、抚恤死难烈士家属、保护上海总工会等条件，高呼"打倒新军阀"、"为死难烈士复仇"等口号。会后，数万群众冒雨游行，前往宝山路第二十六军第二师司令部请愿。当游行群众接近司令部时，该师预先埋伏在附近街巷的大批武装士兵，突然向毫无准备的徒手群众开枪，顿时群众成批倒下，鲜血与雨水混流成河。据目击者估计，当场被枪杀的至少在100人以上，伤者不计其数。这就是在蒋介石亲自布置和遥控指挥下发生的、震惊中外的四一二大屠杀，它宣告蒋介石已经完全背叛革命，成了比吴佩孚、张作霖等旧军阀还要凶恶的敌人。

宝山路大屠杀以后，反动军事当局在全市戒严，继续搜捕杀害共产党员和工人、学生中的革命分子，严密监视工人群众；同时再次武装占领上海总工会，在白崇禧的东路军政治部主任陈群和蒋介石总司令部特务处长杨虎等人的把持下，将事变前夕由蒋介石特务处爪牙、兵痞流氓董福开拼凑的上海工界联合会，改为上海工会组织统一委员会，进驻上海总工会会所，作为背叛后的国民党反动当局在上海工会运动中进行"清党"反共、摧残控制工人组织、破坏工人斗争的御用工具。在"四一二"以后的白色恐怖条件下，上海总工会及其所属各业工会领导机关被迫转入地下（即转入秘密活动），上海工运遭受了严重挫折，开始进入了空前艰难的时期。

在发动上海的反革命政变的同时，4月11日蒋介石向各地的国民党右派发出了"一致实行清党"反共的指令。因此，继上海之后，江苏、浙江、福建、安

77

徽、江西、广东、广西等省的许多市县，都发生了同样的反革命政变，使这些地区的革命和工农运动都遭受了严重挫折。特别是 4 月 15 日在广州发生的反革命政变，对工人阶级的镇压屠杀，较之蒋介石在上海还要凶恶残暴。当时留守广东的国民党军政首脑李济深，派出大批军队包围、搜查和封闭了中华全国总工会广州办事处、省港罢工委员会、广州工人代表大会及其所属各业工会、中华海员工业联合总会、全国铁路总工会广州办事处、香港总工会及其他许多革命机关和群众团体，逮捕其中工作人员，并到处捕杀共产党员、共青团员、工会干部及其他革命群众。仅事变后的几天内，被公开或秘密杀害的就达 2300 余人，被开除的铁路工人 2000 余人，许多著名的共产党人和工人领袖，如萧楚女、熊雄、李启汉、邓培、刘尔崧、何耀全、张瑞成等，都在被捕后惨遭杀害。

四一二反革命政变之后，武汉国民政府处在新旧军阀四面包围之中。武汉政府统治地区的国民党右派和各种反动势力与蒋介石勾结，日益猖狂地进行各种反革命破坏活动。曾以小资产阶级代表和国民党"左派领袖"面目出现，控制了武汉政府统治地区党政军大权的汪精卫集团，也日益暴露了他们反共、反工农的本质和倾向。在革命危急关头，中国共产党于 4 月 27 日至 5 月 10 日召开了第五次全国代表大会，讨论了挽救革命的紧迫问题，但是没有能够提出挽救革命的具体有效措施，反而把希望继续寄托在迁就、拉拢汪精卫等人上；特别是大会继续选举陈独秀为总书记，他在会后继续推行对资产阶级的右倾投降政策，使这次大会没能起到挽救革命的作用。

5月17日，武汉政府驻防鄂西的独立第十四师师长夏斗寅，在蒋介石的策动下，勾结四川军阀杨森由宜昌进攻武汉。中华全国总工会和湖北全省总工会动员工人纠察队、劳动童子团和武汉全市工人，全力支援叶挺的部队迅速歼灭了叛军，保卫了武汉。但是，陈独秀主持的中共中央没有乘机依靠工农群众参加和支持平叛战争，扩大共产党人领导的革命武装，以改变武汉地区完全控制在随时有叛变可能的国民党军队手中的局面，以致坐失良机，使工人阶级为平叛付出的牺牲和贡献，只是给统治武汉的汪精卫、唐生智集团"火中取栗"，没有给工人阶级解除任何危险。

在策动夏斗寅叛变的同时，蒋介石还策动了湖南的反革命政变。5月21日深夜，原由军阀部队改编的国民革命军第三十五军第三十三团团长许克祥，指挥该团及第三十五军留守处和教导团的部队共1000余人，分途向国民党左派的省市党部和全省总工会、省农民协会、省工运讲习所、工运训练班等革命机关和群众团体，发起突然袭击，收缴工人纠察队的枪械，大肆捕杀共产党员和革命群众，仅在占领省总工会时就屠杀了七八十人。历史上称这次屠杀为"马日事变"。由于陈独秀的右倾投降政策，不敢组织全省工农武装给予反击，结果，湖南各地的反动势力纷纷响应许克祥的叛变，使袭击革命机关和工会、农会等群众团体，捕杀共产党人和革命群众的反革命政变，迅速蔓延到全省。仅马日事变后的 20 多天，长沙附近各县就屠杀了 1 万多人。从此，白色恐怖笼罩全省，湖南工运领导机关转入地下，开始了艰难的斗争。

这时，由陕西率部进入河南的冯玉祥已经倒向蒋介石，并和武汉汪唐集团达成了共同反共的协议；统治江西的朱培德也已转向反动，宣布禁止工农运动，驱逐共产党员出境；武汉当局从河南前线调回由极端仇视工农运动的大地主何健任军长的第三十五军，加紧了对武汉地区工农运动的限制和镇压。在这千钧一发之际，中华全国总工会于 6 月 19 日至 28 日，在汉口召开了第四次全国劳动大会。出席大会的代表 420 人，代表全国有组织的工人约 290 万人。大会愤怒声讨了蒋介石等背叛革命、屠杀工农的罪行，认定"工人阶级当前在政治上最大的责任是联合农民、小资产阶级及一切革命人士，向反革命的中心英勇的进攻"。大会宣告："无论付出多大的牺牲，中国无产阶级将坚持斗争到底！"大会的《组织问题决议案》还指出："中国工人运动的发展，已进一步与工人阶级的敌人短兵相接，并已由单纯的经济斗争发展成为政治的武装斗争，因而工人的武装组织更为重要"；并提出了"动员觉悟高的工人参加军队或军事学校"、"组织工人武装纠察队"、"组织秘密的工人武装队"等建立和加强工人武装力量的办法。但是，6 月 28 日，陈独秀屈服于反动派的压力，召集中共中央政治局紧急会议，决定公开解散工人纠察队，将纠察队武装自动送交武汉政府的卫戍部队。陈独秀以为这样就可以消除反动派的借口，使武汉军方不搞武装叛变。结果，适得其反。就在工人纠察队缴械当天，李品仙部队就占据了湖北全省总工会；同时工贼、流氓纷纷出动，袭击各业工会，抢劫工会财物。第二天，何健更进一步命令他的部队解散一切工会、工人纠察队和劳动童子团，占据工会会所，拘捕共产党员和工会干部。不久，汪精卫集团于7月15日举行"分共会议"，宣布与共产党决裂，公开背叛革命。他们叛变以后也像蒋介石一样，残酷镇压共产党员和革命群众，使武汉政府统治的一切地区也都陷入了白色恐怖之中，中华全国总工会和湖北全省总工会等革命工会领导机关都遭封闭，被迫转入地下。

至此，从1924年开始，由国共合作，特别是依靠共产党人发动起来的这场轰轰烈烈的大革命和工农群众运动，就被蒋介石、汪精卫之流的反共分裂活动破坏，而遭到惨痛失败。这次大革命的成功经验和失败教训，都是极其深刻的。

四　在土地革命战争时期的
　　　艰苦曲折斗争

　　1927 年大革命失败后，背叛了革命的国民党各派
新军阀，经过一个时期的相互勾结、相互争夺和相互
战争，于 1928 年初建立了以蒋介石为首的南京国民党
中央政府。为了巩固这个大地主、大资产阶级的军事
独裁统治，国民党新军阀在各地都继续以武力摧残革
命群众组织，搜捕、屠杀和监禁共产党员、工会干部
和其他革命分子，残酷镇压工人阶级的反抗斗争。据
项英在五次劳大的报告中说，四次劳大以后，工人阶
级牺牲在反动当局屠杀政策下的，"前后达十数万人"。
其中许多是大革命时期的著名工运领袖和各地工会的
领导骨干。四次劳大选出的全国总工会执行委员多数
遭到杀害，许多深受群众爱戴的共产党人和工运领袖，
如李大钊、陈延年、赵世炎、王荷波、张太雷、郭亮、
杨培生、张佐臣、郑覆他、陈乔年、许白昊等，都在
新旧军阀的屠刀下壮烈牺牲。

　　其次，各地国民党新军阀继续以武力封闭县市以
上革命的工会领导机关，解散大批行业的或基层的革

命工会组织；同时，继续通过"工会组织统一委员会"、"工会改组委员会"等类御用机构，强迫登记、改组和控制各地的工会组织，迫害革命工人，破坏工人斗争。国民党当局剥夺了工人阶级在革命高潮时期争得的一切政治权利，严禁工人罢工、怠工和集会游行，经常实行军事戒严，并在许多重要工矿企业驻扎军队，在工人群众中实行"联保制"，来防范、镇压工人的反抗。在他们的这些反动政策的鼓舞下，中外资本家乘机向工人进行反攻倒算，纷纷推翻革命时期签订的有利于工人的劳资协议，大批开除参加过革命活动的工人，从各方面加重对工人的压迫和剥削。工人群众的工资、工时、劳动条件和封建性的劳动管理等方面，都恢复到了革命前的状况，甚至更糟，工人生活重新陷入了水深火热之中。

大革命的失败和国民党新军阀的恐怖统治，使工人运动由高潮转入低潮，进入了空前严重的困难时期。但是，国民党新军阀的统治不仅没有解决而且加深了引起革命的阶级矛盾和民族矛盾，这就决定了中国工人阶级和其他各阶层人民的经济政治斗争和民族民主革命，必然还要在中国共产党的领导下继续坚持下去，并且一定还会走向新的革命高潮。

中共八七会议的总方针和工运策略

在大革命失败的严重关头，中国共产党果断地清除了陈独秀的右倾机会主义错误，更加坚定地领导工人阶级和全国人民反抗国民党的镇压屠杀，继续坚持反帝反封建的革命斗争。1927 年 8 月 1 日，根据中共中央的决定，周恩来等在南昌领导了武装起义，打响了武装反抗国民党反动派的第一枪。8 月 7 日，中共中央召开紧急会议，正式确定了土地革命和武装反抗国民党反动统治的总方针，领导中国革命开始进入土地革命战争的新时期。

中共八七会议确定的革命总方针，给革命失败以后的工人阶级和全国人民，指出了复兴革命的希望和继续斗争的大方向。但是，会议受到共产国际与党内因愤恨敌人的屠杀和右倾错误的危害而滋长起来的"左"倾情绪的影响，在反对右倾错误的同时，却为"左"倾错误开辟了道路。特别是在城市职工运动的具体方针和策略上，会议通过的《最近职工运动议决案》等文件中，都存在着"左"倾冒险主义和关门主义的错误倾向。会议拒绝承认革命的失败，拒绝在敌人统治势力强大而残酷的中心城市，采取暂时退却和防御的方针，去保护和发展群众工作阵地，保护和积蓄工人阶级的革命力量；反而要求工人阶级像革命高潮时期那样"猛往直前的奋斗"，容许和助长了强迫罢工和盲目组织城市暴动的错误倾向。在工人群众的组织形式和斗争形式上，会议的决议拒绝利用公开合法的条件和敌人营垒中的矛盾，把白色恐怖条件下只有少数革命激进分子和先进工人才愿参加的非法秘密的赤色工会，作为组织白区工人群众的主要形式，反对参加和利用合法的国民党工会，强调"职工运动目前的重要点，就是真工会与假工会之战"。这些脱离实际、脱离群众的冒险主义方针和策略，给当时和后来很长时期的白区工运造成了危害。

当武汉国民党当局公开背叛革命、镇压摧残革命工会时，中华全国总工会发表了《反抗压迫工人工会的宣言》，严正声明："现在中华全国总工会秘密组织起来，仍照从前一样指导全国工人的斗争"；号召全国工人阶级继续维护中华全国总工会及其所属各地革命工会，"在秘密中更加严密的组织，赶快团结起来，向着反动的新旧军阀无耻政客"进攻。这个宣言，在工人阶级的危难时刻，表明了中华全国总工会的坚定态度，向全国工人吹响了继续战斗的号角。但是，全总的宣言在斗争策略上，也有中共八七会议同样的缺点。

 ## 参加武装暴动和创建
革命根据地的斗争

根据八七会议确定的土地革命和武装反抗国民党反动派的总方针，从 1927 年 8 月起，中国共产党在湘、鄂、赣、粤及其邻近各省和北方一些地区，领导了大小几十次工农武装暴动，开展了创建工农红军和农村革命根据地的伟大斗争。各地工会和广大工人群众积极参加了这一斗争，为之作出了许多贡献和牺牲。

南昌起义主要是军事暴动，但在起义的准备、进行和起义部队的南下途中，都曾得到九江、南昌和沿途各地工会和工人群众的许多支持和援助。在毛泽东领导的湖南秋收起义中，参加起义部队的有许多是湘赣边界各县的工人和工会干部。特别是其中以安源煤矿工人为主体组建的中国工农革命军第一军第一师第二团，在攻打萍乡、醴陵和浏阳的战斗中，表现出极大的勇气和牺牲精神。在起义过程中，中共湖南省委发动长沙等地工人，为接应起义部队举行长沙和全省暴动而进行准备，粤汉和株萍铁路工人曾配合起义进行了破路斗争。对此，当时湖南省委书记在写给中共中央的报告中说："在秋收暴动经过中，湖南的无产阶级——安源工人、铁路工人等的奋斗精神，特别表现得十分坚固和勇敢，确是革命的先锋队。"

1927 年 12 月 11 日的广州暴动，是以广州工人为主要的群众基础和重要战斗力量，领导发动起来的。起义前，以中共广东省委书记张太雷为首的起义总指挥部，把广州反革命政变以来，各业工人秘密发展的武装力量集中起来，统一编为广州工人赤卫队。赤卫队以周文雍为总指挥，徐向前为军事干部联队长和参谋，分编 7 个联队，共 3000 余人。此外，还抽调海员和省港罢工工人，组织两个连的敢死队，发动汽车工人组建了交通队。在起义过程中，临时参加起义的工人群众数以万计，仅到起义总指挥部和赤卫队总部领枪参战的就达 8000 余人，加上自动以刀剑棍棒等武器参加战斗的，共 2 万余人。至于自动参加运输弹药、修筑街垒、救护伤员和做饭、送水等战地服务工作的工人和工人家属，则不计其数。起义胜利后，建立了中国历史上第一个工农民主政权——广州苏维埃政府，选举全总委员长苏兆征为主席（未到，后由张太雷代理），周文雍和海员工人陈郁、何来等被分别选为劳动、司法、经济等委员。但是，起义胜利后只在城市坚持了3天，就在帝国主义和国民党新军阀的联合反扑和残酷镇压下失败了。起义总指挥张太雷在战斗中阵亡。参加起义的部队和工人武装大多在浴血奋战中壮烈牺牲，只有一部分撤出城外，后来参加了东江和广西左右江等地的农民起义。卷土重来的敌人对起义群众进行了疯狂的屠杀，在起义失败后的几天之内被杀害的总计达5700余人，其中绝大多数都是工人。

除了以上三次最著名的起义以外，其他各地工农武装暴动也都有许多工会干部和工人群众积极参加。例如，1928年初，在朱德、陈毅领导的湘南暴动中，湘南各县参加起义战斗的工人共有6900余人，正式加入红军的工人有2461人。特别是水口山铅锌矿工人举行暴动后，与附近桐梓山的农民武装会合，建立了以矿工宋乔生为团长的工农革命军第一师独立团，跟随朱德、陈毅上了井冈山。1928年11月，宋乔生被中共中央指定为以毛泽东为书记的中共湘赣边界前敌委员会的委员，成为井冈山革命根据地最高领导核心的成员之一。在这个领导核心中，还有印刷工人、茶陵县总工会委员长谭震林，他还兼任了中共湘赣特委（前委下属的地方党委）书记。

在各个革命根据地创建以后的巩固、发展过程中，都继续得到了周围白区工人的积极支持和援助。例如，秋收起义后，安源工人在中共安源市委秘密领导下，曾不断以输送人员、物资、探听情报等方式，支援了井冈山革命根据地的斗争。1928 年 11 月，毛泽东派人在安源建立了与根据地联络的秘密交通站。该站在安源工人的掩护和协助下，完成了许多重要任务。特别是 1930 年，毛泽东、朱德、彭德怀领导的红军，曾三次来到安源，每次都有许多工人和农民踊跃参加红军，三次累计达 3000 余人。其他各个革命根据地周围的许多城镇工人、矿山工人、水陆运输工人等，都曾密切配合根据地的斗争，对各个根据地的巩固和发展作出过许多贡献。

3 白区工人的英勇反抗和抗日救亡运动的兴起

1927 年大革命失败后，白色恐怖笼罩全国。不屈的中国工人阶级，或者在共产党和革命工会的领导下，或者自发地起来，进行了不屈不挠的反抗斗争。

1927 年 7 月底，武汉国民党当局叛变以后不久，汉口人力车夫就为抗议国民党驻军用贬值纸币强迫兑换工会铜元，并打死打伤工人，首先起来举行了有 8000 多人参加的大罢工。为了支持人力车夫的罢工，响应配合南昌起义，中共湖北省委和湖北省总工会号召武汉三镇工人于 8 月 2 日举行总同盟罢工。虽然国民党当局事先宣布戒严，全市仍有 7 万多工人实现了罢工。特别是汉阳兵工厂工人的罢工坚持了 10 天，给了敌人很大打击。9月下旬以后，邮务、纱厂、染织业、人力车夫等工人先后举行了多次罢工，要求增加工资，反对用贬值纸币支付工资等，大多取得胜利。10月13日，中共湖北省委和全省总工会号召举行武汉全市总同盟罢工和武装暴动。虽然由于敌人事前加强了防范，中共领导方面临时决定取消这次行动，但是仍有部分工人因未得到取消行动的通知，在共产党员和工会干部的率领下，勇敢地起来暴动，一度夺回了被占领的湖北全省总工会会址，攻破了两处监狱，放出了被监禁的共产党员和革命群众800余人，并捣毁了国民党市党部等多处反动机关。11月间，震寰纱厂工人和武昌学生，举行了反对开除剪发女工和军警枪伤、逮捕学生的群众大会，当场打死前来破坏的国民党工会改组委员和密探5人，引起了全市的震动。在上海，8、9月间，上海总工会发动沪西8个纱厂1.2万余人先后举行了大罢工。10月间，分区进行了反对上海工会组织统一委员会（简称"工统会"）的运动。11月间，发动沪东9个纱厂1.4万余人的大罢工。接着，又于12月间领导英商电车公司全体2000余工人举行了大罢工。在广州，10月14日，航行广州、香港、澳门、江门等地的海员和部分其他工人万余人，举行了反对国民党工会改组委员会的大会和游行示威，并冲入被占领的原海员工会会所，打死改组委员3人，夺回了会所。11月1日，广州铁路工人和部分其他工人代表1500余人，包围汪精卫住宅，要求恢复被开除工人的工作、恢复工会、释放被捕工人领袖。汪精卫调来保安队的铁甲车才将工人驱散。11月中旬，广州国民党当局下令解散省港罢工工人寄宿舍和饭堂，被逐出寄宿舍的工人两次集会抗议，并放火烧毁了被关闭的寄宿舍10多处。这些斗争虽然都遭到敌人的镇压，但工人群众的革命斗争精神十分高昂，一直发展到12月举行广州暴动。

1928年初，国民党新军阀下令禁止一切民众运动。但是，工人群众的斗争并未停止。仅上海一地，1至4月就发生罢工35次。其中93家丝厂女工举行的同盟罢工，参加者达6万余人。5月3日，日本侵略军在济南惨杀中国军民数千人，造成骇人听闻的"济南惨案"，激起全国人民的反日浪潮，推动了各地工人斗争的发展。1928年7月，中共六大前后，中共中央和全国总工会在白区工运指导方面的"左"倾错误有所纠正，白区工运开始有所恢复。1928年5月至12月，上海工人罢工105次，参加人数达14万余人。其中邮务工人的大罢工，得到了南京、北平、天津等各地邮务工人的响应，引起了国民党最高当局的惊慌，蒋介石曾亲自发表宣言进行压制。熟货等业的全行业店员罢工、法商水电公司工人连续3次大罢工等，也都得到全上海工人的援助和社会舆论的同情，在当时造成了很大的影响。

1929年至1931年上半年，一方面是反动统治阶级内部的冲突空前严重，连续发生了多次大规模的军阀混战；另一方面是革命和反革命的斗争空前激烈，红军连续粉碎了蒋介石亲自发动和指挥的对苏维埃区域

（即农村革命根据地）的三次大规模"围剿"；同时，由于资本主义世界经济危机的影响，中外资本家加紧了对中国工人的剥削和压迫。这些都进一步激起了白区广大工人群众的反抗斗争。仍以上海为例，据当时上海国民党官方统计，1929 年和 1930 年共发生罢工停业 198 起，波及厂号 2184 家，波及职工 13 万余人；此外，还有未停工停产的劳资纠纷案件 748 起，牵涉厂号 7939 家，牵涉职工 19 万余人。除上海外，全国各地工人都曾进行过许多斗争。1929 年 1 月，因日本炮车在汉口街上横冲直闯，压死了人力车夫水杏林，汉口 8000 多人力车夫举行了反日大罢工，在武汉工人和各地人民的广泛同情声援下，坚持达半年之久，直到 7 月 6 日才由国民党当局与日本领事达成妥协，迫使工人结束斗争。在各地的罢工斗争中，有不少是处在非法地位的全国总工会所属各地赤色工会领导或影响下进行的。据统计，1929 年上海 304 次工人斗争（包括部分劳资争议）中，受赤色工会领导或影响的有 178 次，占 58.6%。另据全总当时收到的部分报告材料统计，1928 年下半年，香港、淄博、浙江、四川、云南、抚顺等地的赤色工会，领导过 111 次工人斗争。此外，1929 年前后，共产党和赤色工会在川西独轮车工人中、自贡盐业工人中、景德镇瓷业工人中，以及开滦煤矿工人中都曾经领导过规模巨大的罢工斗争。

1931 年，日本帝国主义发动了吞并我国东北三省的九一八事变。1932 年初又发动了武装进攻上海的一·二八事变。亡国的危险迅速激起了全国人民的抗日救国怒潮。上海、广州、香港、厦门、重庆、郑州等地日本工厂、商店、轮船和码头上的中国工人，纷纷罢工。上海、南京、北平及其他全国许多城市和矿区的广大工人群众，都纷纷组织抗日团体，参加抗日集会和示威游行，要求国民党政府改变"对日不抵抗"政策，出兵抗日。各地工人团体还积极开展了抗日救国宣传、抵制日货、募捐慰劳抗日部队等各种活动。当东北抗日义勇军兴起时，东北各地的铁路、矿山和城市工人纷纷投奔义勇军，参加抗战；仅沈阳、抚顺、鞍山、本溪等地参加辽宁自卫军的工人，就数以万计。1932年一·二八淞沪抗战期间，上海日本纱厂3万余工人，在中共和赤色工会领导下举行了反日大罢工；全市其他各业工人，也都同仇敌忾，纷纷以募捐慰劳，建立抗日义勇军和运输队、救护队，协助修筑工事，探听敌情或配合作战等各种方式，大力支援了十九路军的抗战。其中，在中共领导下，由50多个工人、学生等团体联合组成的上海民众反日救国联合会，就以沪西日本纱厂罢工工人为主，组织了2000多人的民众反日义勇军，同时动员各业工人，给予十九路军的抗战以各种有力的支援。1933年1月1日，侵占了东北的日军向山海关发起突然袭击，开始沿长城一线向华北进攻。驻守长城各关口的部队和长城内外的抗日义勇军，不顾蒋介石下达的不准抵抗的命令，奋起抗战。同年5月，冯玉祥、吉鸿昌、方振武等爱国将领建立察哈尔民众抗日同盟军，进行察北抗战。华北各地特别是唐山、张家口和平、津等地工人，在中共和赤色工会领导下，积极配合、援助了长城抗战和察北抗战。1933年11月，国民党第十九路军将领蒋光鼐、蔡廷锴等与李济深发动反蒋抗日的福建事变，福州、厦门等地工人同情支持他们的爱国行动，特别是福州工人组织了"反帝倒蒋大同盟"，配合政变当局开展了抗日反蒋斗争。

但是，九一八事变后掀起的抗日救国运动高潮很快被蒋介石镇压下去。以蒋介石为首的国民党当局提出"攘外必先安内"的方针，坚持对日本帝国主义的侵略采取不抵抗政策，连续与日本签订了出卖上海和华北主权，危及中华民族生存的多项协定；同时倾其全力来加紧进攻主张抗日的共产党及其领导下的红军和革命根据地，加紧镇压他们统治地区的人民抗日活动和各种反抗斗争。在工运方面，国民党当局一面三令五申"绝对禁止罢工"，加强对工人斗争的高压政策；一方面推行其1929年前后制定的《工会法》、《劳资争议处理法》和《工厂法》，加强对工人群众和工会运动的欺骗控制。这时，由于东北沦陷，日寇对华北的侵略日益严重及其对关内的走私活动日益猖獗，引起关内市场日益缩小；加以国民党为了供其内战的需要和发展蒋、宋、孔、陈四大家族的官僚资本，不断加重对人民的横征暴敛，使得国民党统治地区农村破产，城市工商业萎缩凋敝，中外资本家纷纷关门歇业，停工减产，大批开除工人，不断减少或拖欠工资，降低福利待遇，使广大工人群众日益陷入失业、半失业和穷困饥饿之中。在这种情况下，广大工人群众，为了民族和自己的生存，都不得不继续进行艰苦、顽强的斗争。事实上，"一·二八"以后的几年间，全国各地广大工人群众不仅继续进行了许多抗日救亡活动，而且为维持生活和改善自己的处境，还进行了许多罢工怠工斗争。其中，也有不少是在中共和赤色工会领导下进行的。如1934年1月至4月，唐山开滦五矿工人在中共河北省委、唐山市委和全总华北办事处、唐山市工会联合会等组织领导下，为要求恢复工会、恢复失业工人工作，抗议军警逮捕屠杀在工会开会的工人，举行了三次大罢工。同年3月3日至4月21日，上海美亚绸厂总厂和9个分厂4500余人，为反对降低工资，在共青团地下组织领导下，举行了同盟罢工。这两次大罢工开始都取得相当大的胜利，后来在"左"倾思想指导下，不懂得适可而止地暂时结束斗争，都遭到敌人的残酷镇压，遭受了很大损失，但是，这两次大罢工都在社会上引起了各方面的关切注意，造成了很大的影响。中共中央、苏维埃中央政府和全国总工会都曾发表宣言，鼓励支持这两次罢工。两次大罢工震动了蒋介石反革命内战的后方，曾引起他的恼怒和惊慌，客观上配合援助了红军粉碎蒋介石第四次"围剿"的战争。

由于大革命失败后，中共中央在白区工运指导上长期犯了"左"倾冒险主义和关门主义错误，严重脱离实际，脱离群众，上述许多斗争都曾经遭到敌人的残酷镇压，付出了惨重的代价和牺牲。但是，所有上述工人群众的斗争，包括许多工人自发的斗争，都表现了中国工人阶级不屈不挠的革命精神，并在不同程度上牵制和打击了敌人，配合了革命战争，从而有利于农村革命根据地的巩固和发展。

 革命根据地工会运动的兴起

随着农村革命根据地的创立和发展，革命根据地的工会运动也产生发展起来。1928 年 10 月，毛泽东率领秋收起义部队上井冈山，建立了全国第一个农村革命根据地，随即在莲花、茶陵、遂川、宁冈、永新等县恢复或重建了县总工会和部分集镇工会，并在吉安、安福、鄠县的部分地区建立了工会。1929 年 1 月，毛泽东、朱德、陈毅率领红四军从井冈山出发，向赣南、闽西进军。红军所到之处，工会组织和工作就随之恢复或建立起来。随着方志敏等在赣东北领导起义的胜利，工会组织在信江流域的弋阳、横峰等 8 个县发展起来。其他根据地，如湘鄂西、鄂豫皖、湘鄂赣等，都在根据地建立的同时，建立发展了工会组织。根据1930 年 9 月全总收到的部分报告材料统计，当时各根据地工会会员共 6.9 万余人；赣西南、闽西、信江流域等，都在县总工会之上建立了全根据地的总工会。

农村革命根据地工会运动的兴起，逐渐引起了设在上海的中共中央和全国总工会对它的重视和指导工作的加强。1929 年 6 月，中共六届二中全会通过的《职工运动决议案》，强调要开展农村工人运动，"特别在农民斗争发展的区域以及苏维埃区域内，应立即建立组织"。同年 11 月，全总召开的第五次全国劳动大会，通过了《农村工人工作大纲决议案》，并在《工会组织问题决议案》中，强调"赤色区域工会应该有计划的领导去作"。五次劳大以后，全总专门召开会议，讨论通过了《苏维埃区域工会工作大纲》。这是全总制定的第一个指导根据地工会运动的纲领性文件，尽管其中存在不少缺点，如将农村大量无固定雇主的手工业工人和苦力运输工人作为"独立劳动者"排斥在工会之外，等等，但是这个文件在统一规划各个根据地工会运动的方针任务和组织形式，指导建立工会组织生活和经常工作等方面，还是起了积极作用。1930 年 9 月，中共六届三中全会通过的《职工运动决议案》，规定苏区工会的任务是："拥护苏维埃政府，帮助巩固苏维埃政权机关和红军，保障八小时工作制及劳动法令的实行，帮助发展土地革命斗争及反对帝国主义和国民党的斗争。"决议案强调：党和全总"应当派出大批工会干部到苏维埃区域去领导工会运动"；"中央临时政府所在地，中华全国总工会要设立苏维埃区域执行局，以统一当地工会运动的指导"。为了贯彻党中央的这个决议，同年 10 月，全总常委扩大会议对苏区的工会问题作出了相应的决定。会后，全总选派干部前往江西革命根据地，于 1931 年 3 月在赣西南的吉安富田村建立了全总苏区执行局，以梁广为主任。同年 7 月，全总苏区执行局随中共苏区中央局迁到赣东南的瑞金。次年 3 月，梁广调任中共福建省职工部长，由陈寿昌继任全总执行局主任。

　　1931 年 9 月红军取得第三次反"围剿"战争的胜利后，中共中央于 11 月 7 日在瑞金领导召开了第一次全国苏维埃代表大会，通过了《中华苏维埃共和国宪法大纲》和《劳动法》、《土地法》等，选举成立了以毛泽东为主席的中华苏维埃共和国中央临时政府。这次大会的召开和会后《劳动法》的贯彻执行，推动了根据地工会运动的发展。1932 年 9 月，全总常委会通过了刘少奇起草的《为工会会员问题给各苏区工会的信》，规定："凡是承认工会的章程，以出卖自己劳动力为生活资料的惟一来源（无产阶级）或主要来源（半无产阶级）之工人、雇农、店员、苦力等，不论他的年龄、性别和籍贯及宗教的信仰与政治的见解如何，均可加入工会为会员。"全总的信要求各地苏区工会，按照这个标准，整顿工会组织，一方面把混入工会的各种非工人阶级成分清除出去，另一方面把大批应该加入工会的雇农、苦力、雇员、手艺工人等，吸收进来。全总这封信的指示精神在各根据地贯彻执行的结果，进一步推动了各根据地工会组织的发展。

　　1933 年初，以刘少奇、陈云为首的中华全国总工会，随中共中央由上海迁到中央革命根据地的首府瑞金以后，将原全总苏区执行局改组为全总苏区中央执行局，同时保留全总名义，用以指导全国工运。改组后的全总苏区中央执行局和全总，以刘少奇为委员长、陈云为副委员长兼中共党团书记，进一步加强了对全国各地苏区工会的组织联系和工作指导，使苏区工会的组织和工作有了更大的发展。1933 年 4 月到 1934 年

7月，全总苏区中央执行局先后在瑞金召开了 4 个工人代表大会，分别建立了中国农业工人工会、中国店员手艺工人工会、中国苦力运输工人工会和苏维埃国家企业工会。从 1932 年起，结合贯彻《劳动法》和全总关于会员问题的信，各个革命根据地分别召开了省、县、区、乡各级工会代表大会，建立健全了各根据地的各级工会组织。据不完全统计，1931 年底，革命根据地工会会员大约已超过 10 万人；1932 年秋增加到 15 万余人；到 1934 年初，除鄂豫皖和川陕等根据地外，仅中央革命根据地和湘鄂赣、湘赣、闽浙赣、闽赣、闽北等根据地就有工会会员 25 万余人。

苏区工会的建立和发展，对革命根据地的建设和革命战争的发展作出了重要贡献。表现在：第一，组织工人参加根据地的政权建设，作苏维埃政权的坚强柱石。仅 1933 年至 1934 年间，中央苏区各级工会就为政府、红军、党和群众团体输送了近万名干部。各级苏维埃政府的领导成员和红军干部中，工人成分占了很大比重。第二，动员组织工人参加苏区的经济建设，打破敌人的经济封锁。广大工人在工会组织下，以主人翁精神努力多生产、快生产，以满足前方作战和根据地人民生活的需要。他们还主动掀起购买公债和无偿退还到期公债券的运动，帮助政府筹集建设资金和支援战争。第三，动员广大工人参军参战，支援革命战争。以革命战争粉碎国民党的反革命"围剿"，是根据地军民共同的、经常的、压倒一切的任务。根据地工会经常在会员及其家属中募集大量草鞋、布鞋、食品、日用品送到前线慰劳红军。工会会员普遍实行了为红军家属做义务工的制度。16 岁到 45 岁的会员80% 以上参加了少先队、赤卫军等地方武装。苦力运输工人特别是木船工人，经常为红军运送给养、弹药。从 1932 年起，在"创造一百万铁的红军"和"加强红军中无产阶级骨干"等口号下，根据地工会普遍开展了征调会员加入红军的竞赛。1933 年，中央革命根据地工会征调会员创建了工人师，其他根据地工会也开展了创建工人团、工人营的运动。此外，根据地工会还在组织工人参加土地改革和查田运动，贯彻执行《劳动法》，改善工人生活，开展工人文化、技术学习和文娱、体育活动等方面，做了大量工作。1934 年 1月，毛泽东曾在第二次全国苏维埃代表大会的政府工作报告中指出："苏区工人是组织了坚强的阶级工会。这种工会是苏维埃政权的柱石，是保护工人利益的保（堡）垒，同时他又成为广大工人群众学习共产主义的学校。"

"左"倾错误对工会运动的危害

1927 年大革命失败后，中共中央由于对中国革命的长期性、复杂性和革命道路的特殊性等问题缺乏认识，同时受到共产国际和党内"左"倾急躁情绪的影响，在对革命和工人运动的指导思想上，长期存在"左"倾关门主义和冒险主义的错误倾向。表现在对白区工人运动的指导上，主要是：不能适应革命已由高潮转入低潮的形势变化改变自己的指导方针和策略，在敌人统治力量强大、革命力量遭到严重摧残的城市，拒绝实行必要的退却和防御以保存和积蓄革命力量，盲目地坚持所谓"进攻路线"，不断号召群众举行示威、"总同盟罢工"和暴动，消耗和断送了革命力量；在群众运动的斗争形式和组织形式上，拒绝利用合法的可能性和敌人的内部矛盾，去争取群众和暂时的同盟者，而是打倒一切，把自己关在秘密组织的小圈子里，严重脱离群众，陷于孤立。这些错误，使白区工人运动长期在挫折和失败中徘徊。这些错误在1927年冬的第一次"左"倾盲动主义统治时期、1930年6月至9月以李立三为代表的第二次"左"倾冒险主义统治时期，都曾恶性发展，给中国革命和工人运动造成严重的危害。特别是1931年1月中共六届四中全会以后，以王明为代表的第三次"左"倾机会主义统治全党达4年之久，使白区和革命根据地的革命和工人运动都遭到了最为严重的挫折。在白区，王明"左"倾机会主义统治的中央，否认九一八事变后中日民族矛盾的上升和国内阶级关系的变化，变本加厉地推行关门主义和冒险主义的方针，使党和革命工会更加脱离群众，不断遭到敌人的摧残、打击。到1932年1月，全国赤色工会会员大约只剩下3000人；其中，上海仅有赤色工会会员600多人。在这种情况下，中共中央机关和全国总工会都在白区难以立足，被迫于1933年初，从上海撤到中央革命根据地。在革命根据地，王明"左"倾机会主义的劳动政策、土改政策和肃反扩大化，都曾给根据地的工会运动和整个革命事业造成了严重的灾难。特别是王明"左"倾机会主义招致了红军第五次反"围剿"战争的失败，被迫于1934年10月开始长征，使南方各革命根据地被敌人占领，变成游击区，南方各根据地的工会组织随之尽被敌人摧残。

大革命失败后中共中央指导方针上出现的"左"倾错误，一开始就曾遭到以毛泽东、刘少奇为代表的许多共产党人的抵制和斗争。在白区工作方面，中共八七会议以后，刘少奇就曾指出会议在对形势估计和白区工作策略问题上的"左"倾错误。1930年他去莫斯科出席赤色职工国际第五次代表大会和会后留在国际工作期间，又为反对国际关于中国黄色工会问题的错误决定，进行过争论。特别是1931年秋至1932年3月，他在担任中共中央职工部长和全总党团书记期间，曾经力图纠正"左"倾错误，扭转白区工运屡遭失败的局面。但是，他的这些努力，都遭到了坚持"左"倾错误的中央领导人的批评、打击。白区工运和根据地反"围剿"战争的严重挫折，完全是坚持"左"倾错误的中央领导人排斥打击毛泽东、刘少奇等共产党人的正确主张的结果。

6 遵义会议后白区
工运方针的转变

1935年1月，中共中央在红军长征到达贵州遵义县城时，召开了政治局扩大会议，结束了王明"左"倾机会主义对党和红军的统治，确立了把马列主义与中国革命实践相结合的正确路线的集中代表——毛泽东在党和红军中的核心领导地位。这是中国共产党由不成熟到成熟，中国革命和工人运动由屡犯错误、屡遭失败，到开始走上正确轨道、开始走向胜利的伟大历史转折点。

遵义会议以后，红军在以毛泽东为核心的中共中央领导下，战胜千难万险，于 10 月间到达陕北革命根据地，重新建立了全国革命和工人运动的指导中心和前进阵地。不久，北平学生为了反对日本帝国主义侵吞华北和国民党的卖国内战政策，响应中共中央的号召，举行了"一二·九"游行示威和请愿，推动全国各地各阶层人民，迅速掀起了抗日救亡运动的新高潮。根据这种形势，中共中央于一二·九运动爆发后的第 8 天，在陕北瓦窑堡召开政治局会议，批判了九一八事变以来中共中央在抗日问题上的"左"倾关门主义错误，确定了发动组织一切抗日力量、建立抗日民族统一战线的基本政策。在这次会议上，还开始批判了白区工运中的"左"倾错误，提出了"积蓄工人群众的雄厚力量，以准备决定胜负的战斗"的白区工运基本原则，为根本转变白区工运方针奠定了基础。

为了在白区贯彻执行瓦窑堡会议的决定，推动建立抗日民族统一战线，准备实现对日抗战，1936 年春，刘少奇到天津任中共中央代表和北方局书记，负责领导白区工作。他到任以后，全力纠正白区党在思想上、

组织上和领导群众斗争等实际工作上，长期存在的
"左"倾关门主义和冒险主义的错误，使华北各省党的
组织和工作，有了根本的改变，推动了民众抗日救亡
运动和上层统一战线工作的广泛开展。与此同时，他
结合指导工作，在1936年4月至1937年5月的一年多
时间里，先后发表了《肃清关门主义和冒险主义》、
《关于白区职工运动的提纲》等10多篇重要著作，在
系统清算"左"倾关门主义和冒险主义错误，深刻总
结白区斗争经验教训的基础上，正确地解决了白区工
作的方针、任务和策略问题。其中《关于白区职工运
动的提纲》，为白区工人运动规定了广泛利用公开合法
的可能性和敌人的内部矛盾，"争取工人阶级大多数，
积蓄工人阶级的雄厚力量，以准备将来决定胜负的斗
争"的正确方针和一系列的正确策略。这个《提纲》
是指导白区工运由错误走上正确轨道的纲领性文件，
在实现白区职工运动的转变，动员组织白区工人准备
和参加抗日民族解放战争的工作中，发挥了重要的指
导作用。

7　白区工人抗日救亡
运动的新发展

　　中共中央提出的抗日民族统一战线政策和白区工
运方针的根本转变，推动了白区工人抗日救亡运动的
新发展。

　　一二·九运动爆发不久，中华全国总工会于12月

18 日发表了《为援助北平学生救国运动告工人书》，号召全国职工不分帮派和党派，一致团结起来，反对日本帝国主义的侵略，支援学生的爱国行动。之后，在平津学生建立的中华民族解放先锋队和由上海文化界著名人士发起的全国各界救国联合会的推动下，各地工人抗日救亡团体纷纷成立。在上海，1935 年底成立了上海女工救国会；1936 年初成立了日本纱厂工人救国会；4 月，成立了上海亚美绸厂工人救国会；8 月，成立了上海工人救国会。上海工人救国会"以抗日救国及改善工人生活为宗旨"，担负着领导全上海工人抗日救国的任务。在北方，1936 年初，石家庄共产党人在原正太铁路员工抗日救国会基础上，成立了石门工人救国会。5 月，中共天津市委领导建立了天津工人救国会。10 月，中共北方局在太原建立了以薄一波为书记的中共山西公开工作委员会，通过薄一波等与阎锡山的特殊统战关系，接办了由阎锡山任会长的"牺牲救国同盟会"（简称"牺盟会"），把它改造成为实际在中共领导下的民众抗日救亡组织，在动员组织山西工人、农民和青年学生参加抗日救亡活动方面，起了重要作用。在浙江，1935 年 12 月，沪杭甬铁路工人组织了抗日救国协会。在四川，1937 年 1 月和 3 月，先后成立了重庆工人救国会和成都工人救国会等等。各地工人救国会成立后，都积极开展了集会示威，通电要求政府"停止内战、一致抗日"和抵制日货等各种抗日救亡活动。

日本对华北的加紧侵略，更加严重地打击了中国的民族工商业。资本家为了将损失转嫁给工人，更加大量地解雇工人、降低工资，加重对工人的剥削、压迫，迫使各地工人日益频繁地起来进行反抗斗争。同时全国人民抗日救亡运动的高涨和中共白区工运方针的转变，也推动了白区工人罢工斗争的发展。据国民党上海社会局的统计，1935 年，上海共发生罢工 94 起；1936 年 110 起；1937 年 1 月至 7 月，全市罢工 120 起；此外，每年还有以劳资纠纷形式进行的大量工人斗争。正如 1935 年 12 月毛泽东在《论反对日本帝国主义的策略》的报告中指出的，"在国民党统治区，工人的斗争正在从厂内向着厂外，从经济斗争向着政治斗争"发展。随着全国抗日民主运动的高涨，工人阶级为维护自身利益而进行的经济政治斗争，逐渐与各阶层人民的抗日民主运动汇合起来，成为其中一个重要组成部分。

在抗日救亡运动新高涨中发展起来的各地工人罢工斗争，规模和影响最大的是 1936 年 11 月上海、青岛日本纱厂工人的反日大罢工。11 月 8 日至 25 日，上海全市 30 家日商纱厂 4 万余工人举行的反日同盟大罢工，主要是在原上海市工联（赤色工会）的日本纱厂工作委员会领导下进行的，纱委在领导这次大罢工中，受到了刘少奇《关于白区职工运动的提纲》的影响，改变了过去赤色工会的一套"左"倾错误做法，开始采取了一些正确的策略。如从争取胜利的观点出发，只提出一些广大群众迫切要求而又可能被资方接受的条件，不在经济要求之外另加反日、反国民党等政治口号，尽量利用各种合法条件，尽量争取各界救国联合会等方面的支持和援助，接受上海地方协会会长、青帮大头目杜月笙和国民党上海市总工会的调解，等等。结果罢工取得了增加工资 5% 等的胜利，鼓舞了广大工人的斗争情绪。在上海日本纱厂工人罢工胜利的影响下，11 月 19 日至 27 日，青岛 9 家日本纱厂 2.4 万余工人也先后起来进行罢工斗争，在中共青岛地下组织的领导下，取得了和上海相同条件的胜利。

上海、青岛日本纱厂工人大罢工的胜利，是白区工人经济斗争与抗日救亡运动相结合的一个突出事例。毛泽东在 1937 年 5 月中共全国代表会议上的报告中，把这次反日大罢工作为当时中国革命新时期的第一阶段即抗日战争准备阶段的重大事变之一。

8 抗战前夕的陕北革命
根据地工会

1935 年 10 月，中央红军长征到达陕北后，中共中央决定由刘少奇继续领导工会工作。11 月，刘少奇根据中央的决定，撤销了全总苏区执行局，建立了全总西北执行局，负责领导陕西根据地及其周围白区的工人运动，同时继续保留全国总工会的名义。

陕北革命根据地原有的工会，是中央红军到来以前不久才建立起来的。1935 年 7 月，根据中共陕北特委的决定，以特委委员高长久为委员长，建立了陕甘晋省工会筹备委员会，着手组织了雇农工会、手工业工会和苦力运输工会，同时建立了县、区、乡各工会，到这年10月，已发展会员万余人。中央红军到来后，于11月间建立了中华苏维埃共和国中央政府西北办事处，并将根据地划分为陕北、陕甘、陕甘宁等三省和关中、神府两个地区。适应这种变化，在全总西北执行局领导下，将原陕甘晋总工会改为陕北省总工会，同时筹备建立了其他两个省和两个地区的总工会。为了配合红军防守黄河沿线和支援红军东渡黄河作战，还根据中共中央的决定，专门建立了黄河水手工会。1936年春刘少奇调任中共北方局书记后，由刘长胜继任全总西北执行局委员长，继续领导开展了根据地各省的工会工作，为巩固和发展陕北革命根据地作出了贡献。

1936年12月12日张学良、杨虎城发动的逼蒋抗日的西安事变和平解决后，为了巩固国内和平，争取与国民党建立联合抗日的统一战线，中共中央于1937年2月决定将苏区改称为中华民国特区，将原来的西北苏维埃政府改称为陕甘宁特区政府，将原有的苏区各省和两个地区，均改为特区政府下属的各分区。同年5月，又将特区改称边区。与此相适应，在全总西北执行局领导下，将原根据地各省总工会和神府、关中两个地区工会，均改为分区工会，并于6月中旬建立了陕甘宁边区总工会筹备委员会。

为了准备实现对日抗战，1937年5月和6月，中共中央先后召开了全国代表会议和白区代表会议。中共全国代表会议根据毛泽东的报告，提出了争取民主、巩固国内和平、实现对日抗战的三位一体任务。刘少奇在白区代表会议上，提出了进一步彻底转变白区党与群众工作的要求。代表中共中央主持这两个会议的张闻天，号召陕甘宁边区的工人阶级和全体人民，把边区建设成为全国抗日民主的"模范区"。这两个代表会议制定的方针，指导工人阶级积极起来与全国人民一起迎接伟大的抗日战争。

五　高举抗日的旗帜
战斗在三种地区

从 1937 年 7 月到 1945 年 8 月的抗日战争，是在共产党和国民党第二次合作的条件下进行的。在抗日战争期间，全国存在三种不同地区，即国民党统治区、日寇占领的沦陷区、共产党领导的抗日民主根据地。在这三种地区，工人阶级都在中国共产党的领导下，高举抗日民族统一战线的旗帜，进行了艰苦的斗争，为坚持抗日战争和取得最后胜利，作出了巨大的牺牲和贡献。

 ## 两条抗战路线和两种
工运方针的出现

1937 年 7 月 7 日，日本侵略军炮轰北平附近的卢沟桥，中国驻军奋起抵抗，由此爆发了中国人民的抗日民族解放战争。

卢沟桥事变的第二天，中共中央就发表了《为日军进攻卢沟桥通电》，号召全中国的人民、政府和军队团结起来，实行全民族的抗战。在中共和全国人民的强烈要求和推动下，特别是在 8 月 13 日日军进攻上海以后的形势逼迫下，蒋介石才勉强同意采取一些联共抗日的实际行动。根据蒋介石的决定，国民党中央通讯社于 9 月 22 日发表了《中国共产党为公布国共合作宣言》，并于次日由蒋本人发表了实际承认共产党合法地位的谈话，从而正式形成了国共两党第二次合作的抗日民族统一战线，开始出现了举国一致的抗战局面。

但是，国民党是为了挽救和维护其大地主大资产阶级的独裁统治才被迫抗战的，它一开始就推行了一条反人民的、企图由其政府和军队包办控制一切抗日活动的片面抗战路线。他们宣传"抗战与民主不能共存"、"抗战时期不能改善民生"等言论，来反对人民群众独立自主地进行抗日活动，反对民众要求实行民主政治和改善生活的斗争。1938 年 3 月，国民党临时全国代表大会通过的《抗战建国纲领》，虽然规定有"发动全国民众，组织农工商学各职业团体，改善而充实之"、"在抗战期间，于不违反三民主义最高原则及法令范围内，对于言论、出版、集会、结社，当予以合法之充分保障"等条文，但这只是用来搪塞人民要求和装饰门面的，他们根本不愿照此执行。就在这个"纲领"公布以后仅仅两个月，国民党第五届中央常务委员会第 79 次会议就通过了《对党外各种政治团体及其分子之态度》的决议案，规定凡党外政治团体及其分子必须"放弃其原有主张，确认本党三民主义为最高准绳"，"服从本党及本党领袖"，否则应严予取缔。1938 年 6 月，国民党武汉卫戍司令部命令各工商团体一律实行重新登记，借以打击迫害其中的抗日进步组织和人员。在这以后，国民党在西安、武汉及其他许多地方取缔了一切被他们认为难以完全控制的民众抗日团体，逮捕迫害其中的领导人和骨干分子。

与蒋介石国民党的片面抗战路线相反，中国共产党是为了工农大众和全民族的利益、争取全民族的独立和解放而进行抗战的。它主张实行"全面的全民族的抗战"，就是要实行为了全民族（多数是工农）、依靠全民族（主要是工农）、动员组织全民族（首先是工农），军、政、民联合一致进行抗战的路线。显然，这是处在弱国地位的中国唯一能够战胜日本侵略者的正确路线。1937 年 8 月，中共洛川会议通过的《关于目前形势与党的任务的决定》和著名的《抗日救国十大纲领》，就是中共全面抗战路线的集中体现。实现全国抗战，关键是要发动、组织广大工农群众起来参加和支持抗战。为此，中共洛川会议的决议要求共产党员及其领导的军队，"用极大的力量发展抗日的民众运动"，"不放松一刻功夫一个机会去宣传群众、组织群众、武装群众"。

为了动员和组织群众参加抗战，中共还在洛川会议前后作了一系列的指示和决定。1937 年 8 月 12 日，中共中央在《关于抗战中地方工作的原则指示》中，规定国民党统治区的工农等群众运动，应当以争取抗战胜利为基本原则来确定自己的斗争方法和组织形式。

为此，第一，应该普遍组织合法统一的人民参战团体，或者将某些普遍存在的合法组织（如抗敌后援会）转变为这类性质的团体；第二，在抗战中应该坚持争取民主权利的斗争，利用一切机会组织工人自己的合法的群众团体，或者加入到国民党控制的官办工会中去工作，将它转变为工人群众的团体；第三，在抗战中应该领导工人改善生活的斗争，但斗争的要求条件和方式要适合抗战的利益。1937 年 10 月 17 日，中共中央在《关于开展全国救亡运动的指示》中，针对国民党在抗日救亡运动中实行的统制包办政策等情况，要求共产党员和进步群众，"不应拒绝参加国民党所包办的、有群众的抗敌后援会"，以便争取其中的群众走上积极抗日的道路，并利用其合法性去开展各种抗日救亡工作；"但共产党员决不应该以参加抗敌后援会的活动为满足"，而应该在力争各种群众救亡团体和公开存在与公开活动的同时，利用一切可能的机会和条件，独立自主地组织各种群众救亡团体，开展多方面的救亡活动，以争取和保持共产党在救亡运动中的独立性和主动性。1939 年 4 月，中共中央在《关于发展职工运动与"五一"工作的决定》中，进一步明确地规定："我们党在工人运动中基本的方针，是与各抗日党派各抗日团体的工人运动进行统一战线，在统一运动中把工人组织起来，积极参加战争和各方面工作，在抗战中去解决工人失业、饥饿的问题与改善工人阶级政治、经济、文化的地位，以增加抗战建国的力量。"

国共两党的两条抗战路线和两种工运方针，在两党合作进行的 8 年抗日战争中，始终存在尖锐的斗争。中共的全面抗战路线和根据各地的不同条件、独立自主地发动组织群众、开展抗日救亡运动的方针，对于发挥工人阶级和其他人民群众的抗日积极性、争取抗日战争的最后胜利，起了重要的指导作用。

全国工人抗日救亡运动的空前高涨

抗日战争爆发后，在中共全面抗战路线指引下，全国工人迅速地行动起来，参加了轰轰烈烈的抗日救亡运动。

卢沟桥抗战伊始，长辛店的铁路工人立即组织了战地服务团，积极帮助中国守军救护伤员、构筑工事、破坏可能被敌人利用的铁路，并募捐物品慰劳前线将士，大力支援了守军的抗战。在上海的八一三抗战中，上海工人在中共领导下建立了战地服务队等组织，并团结国民党工会，发动全市工人进行了宣传、慰问、救护伤员、为前线将士烧水煮饭、运送弹药、构筑工事、侦察敌情、捉拿奸细、捣毁日寇在上海的各种设施等各种抗日支前活动。上海英商公共汽车工人曾开出 20 辆汽车出入前线，担负运输和救护任务；许多工人还直接参加了苏州河吴家库和淞江等地的激烈战斗。

七七事变发生后，天津、青岛、上海、香港、武汉等各地日本企业的中国工人，纷纷罢工，抗议日寇的野蛮侵略。如上海的日商中山钢厂、亚细亚钢铁厂和日商印刷厂的全体工人，以及许多日本洋行和家庭雇用的中国人，都不顾失业痛苦和威胁利诱，断然罢工离职。从 8 月 15 日起的两个月间，香港有 20 多艘日本轮船上的中国海员，全部离船回内地参加抗战。香港英商太古船坞的 5000 多工人，也在中共领导下举行罢工，拒绝为日本人修理船只。在青岛，英文《泰晤士报》的华籍工人，为抗议该报发表袒护日本侵略中国的言论而罢工；青岛英商怡和洋行"泽生"轮的中国海员拒绝将该船开往大连为日本人运货，迫使该轮改驶天津。

抗战时期，全国各地工人建立抗日救亡团体，发表宣言通电，举行集会示威，开展抗日宣传和募捐慰劳前线等活动，都很普遍、热烈。如上海，仅在淞沪抗战的三个月中，各业职工在中共领导和影响下建立的抗日团体就有 40 多个，并且建立了全市性的上海工人救亡协会，领导全市工人在整个抗日战争期间坚持了反日斗争。武汉沦陷前，中共除通过青年救国团、中华民族解放先锋队、蚁社（从上海迁来）等团体，在全市各业工人中发展组织、开展抗日活动外，还发动兵工、电讯、印刷和各大纱厂工人成立抗敌工作团，在邮务、码头等工人中组织时事座谈会，在烟厂、人力车夫等工人中举办夜校、识字班；此外，还有全市性的武汉职业青年抗敌工作团和武汉业余歌咏团等。所有这些组织，都在团结武汉广大职工开展各种抗日救亡活动方面，起过重要作用。中国劳动协会、上海市总工会、全国邮务总工会及其他各地国民党工会，也大多开展了爱国捐献和致电慰问前线将士等各种救亡活动。

华北、华东、中南等战区和临近战区的许多工人，不顾危险和艰难，积极参加军事运输和工业内迁，并在日军到来时破坏交通和生产设备，不使之落入敌人手里。据统计，1937年下半年，仅陇海、平汉、津浦、粤汉等铁路的员工，就运送了军队46.7万余人次，军需品123.6万余吨。许多重要城市和工业集中地区即将沦陷时，工人群众奋不顾身地帮助政府和资本家拆迁工厂设备，抢救民族工业。如太原西北制造总厂职工和家属1000余人，在很短的时间内拆得重要机件2000余吨，经同蒲路抢运到风陵渡，冒着风雪和日机轰炸，把机器运到黄河南岸，再沿川陕公路翻山越岭、肩挑背扛地运往四川，重新建厂，恢复军工生产。更多工厂是从华东、中南各地拆卸以后，经长江水路和铁路、公路及山间人行小路，跋山涉水运到西南、西北大后方的。据1943年国民党政府经济部的统计，到1942年底，由上海、青岛、太原、郑州、武汉等地迁到大后方的工厂共639家，机器设备12万多吨。许多工人在抢救民族工业中遭到敌人扫射轰炸或劳累过度、翻车翻船致死，付出了很大牺牲，为建立以重庆为中心的大后方战时工业，作出了巨大贡献。

祖国的抗战，也激起了海外华侨工人空前的爱国热情。马来亚的日营铁矿、铅厂和大型钢铁厂的数千华工，得知日本用这些企业生产的钢铁制造武器来屠杀祖国同胞时，立即举行罢工，使这些日营企业的生产陷于瘫痪。遍布世界各地的华侨工人，都纷纷建立抗日救亡团体，热烈开展献金、义卖等各种支援祖国抗战的活动。有些华工还直接回国参战。如由南洋华侨总会组织回国参战的侨工，包括汽车司机、航空机械师、电机工人、护士等，共计7000余人。

3 战区工人武装参战的热潮

抗战初期，由于国民党实行片面抗战路线和单纯防御的作战方针，使华北、华东和中南的许多工业集中地区相继被日寇侵占。这些地区的铁路、矿区和城市工人，在敌人即将到来时，纷纷响应共产党的号召，撤退到附近农村，组织抗日游击队，配合八路军、新四军开辟敌后战场，或者直接参加各种抗日部队，掀起了武装参加抗日战争的热潮。据不完全的统计，到1940年，仅华北各地工人建立的抗日游击队，就有40余支，其中人数在200人以上多至1000余人的有26支。在这期间，华北工人直接参加八路军和其他抗日部队的，共计在1.9万人以上。

在河北磁县，当敌人尚未到来而国民党的县长已经逃跑时，中共地下组织迅速把六阿沟煤矿和附近彭县的磁业工人组织起来，建立了华北敌后第一个县级抗日民主政府；同时与八路军取得联系，建立了八路军第十三、十四两个游击支队和磁县工人自卫队，同敌人进行了英勇的战斗。当他们被迫撤退时，还将能够搬走的机器设备和许多重要的原材料，搬到太行山区，帮助八路军第一二九师建立了一个轻便的兵工厂；其中有的机器还转移到延安，为陕甘宁边区的工业建设作出了贡献。

在山西，中共利用阎锡山为会长的"牺盟会"的合法条件，广泛动员组织全省工人参加抗日战争。1937年9月18日，牺盟会在太原召开了纪念九一八事变六周年的群众大会，在会上宣布成立了山西省总工会。会后，数千工人游行到省政府请愿，要求武装抗日。经阎锡山同意，当局答应发给工人500支冲锋枪、2500支步枪，工人用这些武器建立了太原工人武装自卫队。太原沦陷时，工人自卫队撤退到晋西北，转战在交城、文水一带。在战斗中，队伍从几百人迅速扩充到4000多人，被改编为山西工人自卫旅，并正式编入八路军称为第二〇五旅。他们曾多次与敌人激战，是建立和保卫晋西北抗日根据地的劲旅之一。

1938年5月，在台儿庄战役中，苏鲁两省工人，特别是津浦、陇海等铁路工人和枣庄等地矿工，组织了爆破队，深入敌军后方和侧翼，破坏铁路和公路交通，阻止敌军的增援和给养补充，积极支援中国军队取得这次战役的胜利。为此，国民党第五战区司令长官李宗仁，批准建立了"第五战区职工抗日总会"和1000多人的工人武装。徐州失守后，抗日总会迁到淄博，成立淄博矿工武装队，曾炸毁被敌占领的博山总电厂、淄川洪山煤矿，并经常袭击敌人，打击汉奸，使敌人很难在这里建立巩固的伪政权。胶济铁路总工会也在这时先后组织了胶济铁道队和张博铁道队，并在此基础上成立了铁道大队。他们在沿线扒铁道，袭击敌人军用火车，神出鬼没地打击敌人。

此外，平汉铁路工人游击队、阳泉矿工游击队、井陉矿工游击队、榆次纱厂工人游击队、正太铁路工人游击队、同蒲铁路工人自卫队、青岛纱厂工人的崂山游击支队、鲁南烈山矿工游击队和枣庄一带的铁道游击队等，都曾与敌人进行过许多战斗，有许多被群众广为传颂的战绩。

在条件许可的情况下，沦陷区工人还在中共的领导下，举行过一些抗日武装暴动。其中最著名的是开滦煤矿工人的武装起义。1938 年 3 月，开滦五矿 3 万多工人，在中共地下组织领导下，利用英日帝国主义之间的矛盾，举行了反对实行井下记工制和要求改善待遇的同盟罢工。罢工坚持到 5 月初，取得了完全胜利，大大鼓舞了开滦工人的斗争情绪。同年 6 月，中共决定发动冀东人民举行反日大暴动。为了响应这次暴动，开滦矿工在中共唐山市委领导下，以大罢工时的工人纠察队为基础，举行了有 7000 多人参加的抗日武装起义。起义部队在激烈的战斗中大部散失或伤亡，剩下的队伍由抗日英雄节振国率领，转移到附近农村开展游击战争。冀东暴动胜利后，这支工人队伍编为冀东抗日联军的一个大队，继续与开滦工人保持密切联系，经常在唐山市内和矿区一带神出鬼没地袭击敌人，给日寇造成很大威胁。

争取全国工运统一的
努力和挫折

　　1927 年大革命失败后，中华全国总工会及其所属
各级工会在国统区遭到取缔，而国民党自己控制的工
会也不许有全国统一的领导机关。国共第二次合作形
成后，全国工人抗日救亡运动的发展，迫切需要重新
实现全国工人在组织上和行动上的团结、统一，以增
强工人阶级的力量。为此，1938 年 2 月 7 日，陕甘宁
边区总工会在为纪念二七大罢工十五周年发表的宣言
中，向全国的工会和工人救亡团体提出了"在抗日救
国和共同建立民族独立、民主自由和民生幸福的新中
国的目标之下"，"建立全国统一的职工组织"的主张。
3 月 1 日，中共中央在《对国民党临时全国代表大会的
提议》中，向国民党当局"提议将工、农、军、学、
商各界，根据其职业地位而组织各种职业联合团体"；
"同时根据地域原则，在各地方组织统一的各界群众团
体的领导机关，在全国范围内成立统一的全国性的领
导机关"。中共中央和陕甘宁边区总工会的主张，表达
了全国工人阶级的共同愿望，得到了工人群众广泛的
响应和支持。

　　1938 年 3 月 8 日，由国民党上海市总工会主席、
中国劳动协会常务理事朱学范倡议，以上海、广州、
武汉、南京等地 18 个工会和工界救亡团体为发起单
位，在汉口召开会议，决定建立中国工人抗敌总会筹

备会，欢迎陕甘宁边区总工会和全国各地工人团体派代表参加，共同为建立全国工人统一的抗敌组织而斗争。中共和陕甘宁边区总工会热烈支持这一行动。陕甘宁边区总工会立即派刘群仙、廖似光为代表，积极参加了筹备会的工作。筹备建立工人抗敌总会的倡议，迅速得到全国各地工人和海外侨工的响应。筹备会建立不到一个月，四川、江西、福建、广东、河南、陕西、上海、南京等16个省市的30多个工人团体和海外17个华侨工人团体，来电来函或派代表到武汉，要求参加抗战总会。

尽管筹备建立工人抗敌总会，是由国民党人士发起和主持进行的，筹备会规定的抗敌总会宗旨是拥护和支持国民党政府抗战，但是国民党最高统治当局仍然害怕全国工人的团结，反对建立全国统一的工人组织。因而，在筹备会为正式成立中国工人抗敌总会向当局申请备案时，竟然遭到国民党政府军事委员会政治部的拒绝，迫使筹备会于5月2日停止活动，使筹建全国工人统一组织的努力宣告流产。

抗战相持阶段国统区
工人的艰苦斗争

1938年10月武汉、广州失守后，日寇停止了对国民党正面的战略进攻，抗日战争进入了相持阶段。从这时起，到1944年日寇发动豫湘桂战役以前，是国民党统治区相对稳定的时期，也是国统区工人斗争最困难的时期。随着日寇对国民党的政策由军事打击为主转变为政治诱降为主，国民党内以汪精卫为首的一派，于 1938 年底公开投降日寇，在南京建立了汉奸傀儡政权；以蒋介石为首的一派日益加紧实行消极抗日、积极反共反人民的政策，从 1939 年到 1943 年先后发动了三次反共高潮，准备与日寇妥协投降。国民党在其统治地区，进一步加强了大地主大资产阶级的法西斯独裁统治和恐怖政策：制定防共、限共、溶共、反共的方针和《防制异党活动办法》；把中统、军统等特务组织渗透到社会一切角落，对工人、学生和其他各阶层人民的思想、言行进行监视、跟踪、追查，人民偶有触犯，即遭迫害；国民党仿照德国法西斯的办法，在重庆、西安、天水、上饶、息烽等地，设立了大规模的集中营和劳动营，关押了几十万共产党员、民主人士和工人、学生、教师及其他一切民众中的进步分子，并采取最野蛮、最残忍的手段摧残他们的精神和肉体，直至大规模的集体屠杀。还在武汉失守以前，国民党就在各地多方阻挠破坏工人自己起来建立抗日救亡组织；武汉失守以后，他们更完全禁止工人参加抗日救亡活动，并封闭解散了抗战初期建立的各种救亡组织，如战地服务团、慰劳团、救护队、宣传队等。为了从组织上管制工人，国民党先后公布了《非常时期工会管制办法》、《加强工商团体管制实施办法》，并将抗战前公布的《工会法》重新修订，增加了许多限制性和控制性的条文。这些法令规定：工会的筹备建立必须向主管官署申请许可，并由主管官署派员监督进行；工会职员必须由主管官署"定期进行严格的思想训练"；工会的一切活动必须随时向主管官署报告；工会"不得以任何理由宣言罢工"。

国民党除规定"从事国家行政教育事业各机关之员工及军事工业之工人不得组织工会"外，凡是建有他们控制的官办工会的地方，则实行"强迫会员制"，规定凡年满16岁的男女工人必须加入工会，并且不许自由退会。他们还在工会中推行"党化"政策，强迫工会职员和较有活动能力的会员加入国民党、三青团，并强迫所有工人接受他们的法西斯式的思想训练。在经济上，国民党不是依靠增加生产、厉行节约来解决必要的抗战经费问题，而是依靠无限度地加重税收，无节制地滥发钞票，来供其应付抗战、准备内战和挥霍浪费，加以各级军政人员贪污成风，贿赂公行。四大家族和各种投机商人，利用国难大发横财。他们或操纵金融财政，垄断经济命脉；或囤积居奇，哄抬物价，在黑市里兴风作浪。这一切造成通货膨胀，物价飞涨，农村经济破产，城市工商业萎缩凋敝。加以日寇对国统区一切工商业较为发达的城市和集镇普遍实行狂轰滥炸，使国统区除少数贪官污吏、土豪劣绅和发国难财的奸商，仍然灯红酒绿、醉生梦死、过着荒淫无耻的生活外，各阶层人民的生活都异常艰辛。特别是在国民党公布实行《战时工资管理办法》以后，当局只知按官价限制工资的增长，根本不能也不去限制黑市物价的飞涨，使一切依靠工资生活的工人、职员和一般公教人员更加困苦不堪。在这种情况下，抗战相持阶段的国统区工人和各阶层人民，无论是为了坚持抗战，为了中华民族的生存，还是为了自己和妻儿老小的生存，都必须团结起来进行适当的经济政治斗争。

针对抗战相持阶段到来后国民党的妥协投降和分裂、倒退倾向，中共中央提出了"坚持抗战，反对投降"，"坚持团结，反对分裂"、"坚持进步，反对倒退"的口号和"发展进步势力，争取中间势力，孤立顽固势力"、巩固扩大抗日民族统一战线的方针，作为领导全国人民克服投降危险，坚持抗战，争取最后胜利的总方针。同时，针对国民党统治地区的上述种种情况，中共中央要求在国统区的各级党组织，必须贯彻执行"隐蔽精干，长期埋伏，积蓄力量，以待时机"的方针，"利用政府已经颁布的纲领、法令及当地习惯许可的方式"，尽可能地使党的基层组织和党员深入到工人、农民、学生及其他群众中去，把他们一步一步地组织起来，并领导他们进行各种有利于群众，同时有利于抗战的政治、经济与文化的改善运动。根据中共中央的正确方针，国统区各地的中共秘密组织在极其艰苦的条件下，领导各地工人进行了许多斗争。

1938年底，当获知汪精卫公开投降日寇的消息，国统区的工人、学生和其他各界人民义愤填膺，纷纷举行集会和示威游行，声讨亲日派汉奸的叛国罪行。1939年8月，正当大汉奸汪精卫窜到广州进行破坏抗战的阴谋活动时，被他控制的香港《南华》、《天演》、《自由》等三家报馆的印刷工人宣布罢工，切断了他在香港制造汉奸舆论的喉舌。罢工工人组成归国服务团，到桂林、贵阳、重庆等地进行反汪宣传，受到各地工人及各界人民的欢迎和鼓励。中共中央职工运动委员会曾为此发出通告，要求根据地工会和国统区、沦陷区的共产党地下组织，广泛发动工人支援香港工人的反汪罢工，揭露、声讨国民党内一切已经投降和准备投降的汉奸卖国贼罪行。

据不完全的统计，从1938年到1940年间，仅西安一地发生的工人经济斗争就有36起。1939年到1942年间，四川自贡、乐山、犍为等地盐场工人，曾经不断地举行怠工、罢工和请愿斗争。其中规模最大、斗争最激烈的，是1939年8月自贡盐场8万余工人反对乱拉壮丁的同盟罢工。为了保障食盐的生产和供给，国民党有关当局曾公布了盐场工人免征壮丁的法令。但是，当地负责征兵的机关和人员常常从应征壮丁处收受贿赂，免其服役，而从盐场绑架工人去充数。工人对此十分愤恨和恐惧。这次大罢工，就是因一个联保办事处强拉6名烧盐工人作壮丁引起的。国民党曾出动军队镇压，但是罢工工人在中共地下组织领导下坚持斗争，终于迫使当地国民党政府答应保证今后不再发生强拉壮丁等事件和其他一些条件。1940年5、6月间，川江各轮船公司海员，因物价暴涨，要求增加工资，也曾在中共秘密领导下举行联合大罢工，并取得了胜利。这期间，成都、重庆、桂林、贵阳、昆明等各地工人，也都进行过许多斗争。通过这些斗争和其他一些艰苦工作，把国统区的工人群众团结到了中共秘密组织的周围，抵制和揭露了国民党的妥协投降和分裂倒退倾向，锻炼积蓄了工人阶级力量，为在国统区坚持抗战作出了贡献。

6 战斗在日寇铁蹄下的
沦陷区工人

沦陷区工人从地区沦陷的第一天起，就落入了日本法西斯的魔爪，遭受到极其野蛮残暴的统治，过着非人的亡国奴生活。抗战进入相持阶段后，日寇将其侵华战争的战略重点转移到对沦陷区的巩固占领上，加紧了对沦陷区的经济掠夺和所谓的"治安强化"，使沦陷区工人及其他各阶层人民的生活处境和斗争条件更加恶化。为了继续组织沦陷区工人坚持对敌斗争，中共中央于1939年4月发出的《关于开展职工运动与"五一"工作的决定》中，规定："在敌人占领的大城市，党必须利用各种方法与方式加强在产业工人中的工作，组织他们，教育他们，善于保持力量，积蓄力量，巩固扩大已有的阵地，准备最后驱逐日本帝国主义出中国。"为了加强对敌占城市工作的领导，1940年9月，中共中央发出党内通知，宣布中央成立了由周恩来负责的敌后工作委员会，领导与推进整个敌后城市工作；同时要求各抗日根据地的中央局、中央分局及临近敌区的区党委，亦应成立城市工作委员会，选拔、训练大批干部，派到敌占城市去开展工作。此后，中共在华北、华东和中南许多敌占城市的工人运动和其他群众工作，都有很大恢复和发展，其中成效最大的是上海。

1937 年 11 月上海沦陷后，中共上海地下组织根据形势的变化，及时改变了工作的方式方法，执行了"隐蔽精干"和深入群众的工作方针；同时充分利用英、美和日本之间的矛盾，在英、美统治的公共租界里组织职工开展了护关、护邮（反对日本接收海关、邮政）等斗争和募捐支援抗日将士等活动；并利用各种公开合法的条件，在各业职工中发展经济性、文娱性和联络友谊性的团体，领导职工进行了许多群众迫切要求而又可能取胜的日常经济政治斗争。例如，1939 年 3 月，为抗议日寇强迫利用出租汽车绑架爱国志士和残杀一名司机的暴行，上海四大出租汽车公司 1000 多名司机，在资方同意、支持下，全体开着汽车以为被残杀司机出丧送葬的形式，在南京路举行了声势浩大的抗议集会和示威游行。这就是当时轰动全上海的"大出丧斗争"。1939 年底至 1940 年 2 月，上海永安等百货公司职工，为要求改善生活待遇，反对资方任意解雇职工，开展了长达 50 多天的年关怠工和罢工。1941 年 12 月日寇发动太平洋战争后，公共租界被日寇占领，上海工运失去了租界的依托，进入了更加困难的时期。中共上海地下组织把前一段在租界活动中比较暴露的干部，撤退到周边地区的抗日根据地，留下的干部则深入到工商企业和其他基层单位的群众中去从事生产、经营等业务，以职业为掩护，团结群众进行分散隐蔽的斗争。中共在敌占区群众工作中提出了"勤学、勤业、勤交朋友"的口号，使干部和积极分子能在各种职业和群众中享有较高威信，并通过交朋友的方式，无形中把群众团结在共产党的周围。在领导群众斗争时，通过平时结交的朋友，分散进行酝酿准备，待时机成熟，即以表面上自发的、一哄而起的形式进行斗争，并在多少取得胜利时一哄而散地结束斗争。采取这样的办法进行斗争，使敌人找不到斗争的领导人，难于下手镇压，群众往往能够取得一些胜利。由于方针策略的正确和干部的艰苦努力，中共在极端困难的条件下，仍然领导上海职工进行了许多经济、政治斗争，打击了日寇，积蓄了力量，并不断地用输送人员、物资和情报等各种方式，有力地支援了附近新四军和抗日根据地的斗争。

 坚持敌后抗战的根据地
工人和工会

抗战爆发后，根据国共合作抗日的协议，中共领导的陕北红军改编为国民革命军第八路军，南方各省游击队改编为国民革命军新编第四军，先后开赴华北和华中、华东前线作战。在国民党军队迅速溃逃，把华北、华中、华东、华南大片国土拱手让给日寇以后，八路军、新四军为了配合国民党的正面战场，在敌人后方牵制打击敌人，利用日寇兵源有限，只能着重占领点、线（即城市和重要交通线），不能巩固占领广大乡村的条件，深入敌后，放手发动工人、农民和其他民众，广泛开展抗日游击战争，在华北、华中、华东、华南建立了 10 多个抗日民主根据地，从而开辟了与国民党正面战场相呼应、陷日寇于两面夹攻之中的敌后战场。在这个过程中，广大战区工人积极参加了开辟敌后战场和创建敌后抗日根据地的斗争。同时，随着根据地的建立，各敌后抗日根据地的工会运动也先后发展起来。据中共中央职工运动委员会的统计，到 1940 年初，仅华北各抗日根据地的工会会员，就已发展到约 50 万人。到 1944 年，全国抗日根据地工会会员总数达到约 80 万人；其中，陕甘宁边区 6 万余人，晋察冀边区 23 万余人，晋冀鲁豫边区 12 万余人，晋绥边区 1.2 万余人，新四军华中、华东建立的 8 个解放区共有工会会员约 20 万人。

抗战相持阶段到来后，日寇将其侵华战争的重点从进攻国民党的正面战场，转到进攻八路军、新四军和华南抗日游击队的敌后战场。日寇动员其侵华兵力的 60% 和伪军 90% 以上，采取铁壁合围、拉网式、梳篦式等战术和杀光、抢光、烧光的三光政策，对各抗日根据地进行空前野蛮残酷的军事扫荡和经济封锁。与此同时，以蒋介石为首的反共顽固派，利用日寇停止了对其战略性进攻的时机，调遣大批军队回到沦陷区，配合日伪军，包围进攻抗日根据地，不断挑起与八路军、新四军和华南抗日游击队的"摩擦"战争。在这种情况下，共产党领导的敌后战场，成了整个抗日战争的主战场，抗日根据地军民担负了坚持抗战、争取抗战胜利的中流砥柱的历史任务；另一方面，抗日根据地军民处在贫穷落后的农村环境，遭到日寇、汉奸、国民党顽固派三方面的包围、进攻，在军事上和经济上都陷入了极端危险和困难的境地。

为了在抗战相持阶段，领导抗日根据地的军民，克服被敌人消灭的危险，战胜被敌人困死、饿死的困难，以毛泽东为首的中共中央，采取了一切为了人民，一切依靠人民，与最广大的人民同呼吸共命运，最大限度地发挥广大人民群众在战争和经济建设上的主动积极性和创造性的各种方式、政策。政治上，在实行减租减息、合理负担、改善工人生活、建立民主选举的三三制政权、深入发动与组织工农基本群众的基础上，团结根据地的一切抗日力量；军事上，实行军、政、民相结合，甚至相融合，男女老少一齐上阵的高度群众性的反扫荡战争；经济上，提出"自力更生"、"自己动手"和"发展生产，保障供给"等口号，开展了从毛泽东、朱德到一切部队官兵，一切机关、学校、群众团体的人员，都要参加开荒种地、纺纱织布等劳动的军民大生产运动。从 1939 年，特别是从 1941 年到 1943 年，各抗日根据地依靠这些以共产党人为核心、以工农基本群众为基础、全体军民紧密团结进行的艰苦卓绝的斗争，终于战胜了敌人，坚持了敌后抗战，求得了人民抗日力量在所有敌占地区的生存和发展，为随后到来的对日反攻和夺取抗战最后胜利，准备了条件。

在抗日战争的这个艰苦卓绝的阶段，陕甘宁边区和敌后各抗日根据地的工人和工会，都和其他军民一样，积极参加了群众性的反扫荡战争和大生产运动。他们一手拿工具，一手拿武器，一边坚持生产，一边配合主力部队袭扰或阻击敌人，为打破敌人的封锁、扫荡，保卫和发展抗日根据地，进行了英勇顽强的斗争，创造了许多可歌可泣的事迹。特别是在因陋就简，白手起家，艰苦奋斗，创办和发展根据地自给工业，保障军需民用的工业品供给上，各根据地的工人和工会充分发挥了中华民族的脊梁作用，作出了不可磨灭的历史贡献。

8 根据地工会的整风运动和赵占魁运动

抗战开始后，各根据地工会为动员组织工人参加抗战做了许多工作，有很大成绩，但是工作中也存在一些问题。主要是有些工会干部，忽视根据地处在残酷的战争环境和经济落后的农村条件，不了解根据地社会性质、劳动性质和工人阶级地位的根本变化，在处理职工生产和生活问题上，往往存在片面福利观点，提出过多过高的改善生活条件和劳动条件的要求；在职工教育上，存在脱离实际的教条主义倾向；在工会组织机构上，存在形式主义倾向。特别是有的工会干部，把根据地的公营工厂和过去白区的私营企业等同起来，把公营工厂的工会当做组织工人向企业行政要求改善生活、进行斗争的工具，以致经常与行政领导方面闹对立，妨碍生产。根据地工会的这些问题，在

1942 年中共中央和毛泽东领导开展的整风运动中，才得到解决。

1942 年 4 月 21 日，中共中央在《关于"五一"节的指示》中，要求各抗日根据地的工会，组织干部学习整风文件，联系实际，开展批评与自我批评，检查改进工会工作。各根据地的工会都认真贯彻执行了这个指示，在提高干部认识的基础上，先后召开了干部会议或代表大会，以整风精神检查纠正了上述各种错误倾向，研究改进了工会的工作。特别是陕甘宁边区总工会与边区政府合作，在 1942 年 5 月和 1943 年 4 月，先后召开了陕甘宁边区公营工厂工会干部会议和公营工厂会议，以整风精神讨论了边区公营工厂的性质、任务、经营管理等方面的理论和实际问题，并着重地讨论解决了公营工厂职工会的方针任务问题。中共中央政治局委员、中央职工运动委员会主任邓发，在这两次会上都就工会问题作了重要报告。根据他的报告，经过会议讨论，明确了根据地工人在公营工厂中的劳动，不是为资本家生产利润，而是为抗战和革命作贡献；公营工厂职工会的主要任务，是与企业行政合作，组织教育职工完成生产任务，并在发展生产基础上，与行政方面协商，适当改善职工生活。1942 年 12 月，毛泽东在陕甘宁边区高级干部会议上所作的《经济问题与财政问题》的报告，进一步指出：边区公营工厂的"职工会工作有不适合于提高劳动纪律与劳动积极性的，必须加以改造。一个工厂内，行政工作、党支部工作与职工会工作，必须统一于共同目标之下。

这个共同目标，就是以尽可能节省的成本（原料、工具及其他开支），制造尽可能多与尽可能好的产品，并在尽可能快与尽可能有利的条件下推销出去"。他强调这是行政、支部和工会"三位一体的共同任务，各顾各地把三方面的工作分裂起来的作法，是完全错误的"。毛泽东的这个讲话，为通过整风运动解决根据地公营工厂的经济管理和工会工作方针等问题，进一步指明了方向。

在整风运动期间，中共中央职工运动委员会在延安中央农具工厂进行调查研究的工作组，发现该厂熔铁炉烧火工人赵占魁，以厂为家，主动担任最苦最累的烧火工作，是以新的主人翁的态度对待新的劳动的典型。工作组研究总结了赵占魁的思想和事迹，于1942年9月11日，通过延安《解放日报》发表了《向模范工人赵占魁学习》的社论。接着，陕甘宁边区总工会向边区各级工会发出了《关于开展赵占魁运动的通知》。毛泽东在边区高级干部会议上的报告中，也发出了"发展赵占魁运动于各工厂"的号召。于是，一个学习赵占魁以新的态度对待新的劳动的群众生产竞赛运动，首先在陕甘宁边区的公营工厂职工中普遍开展起来；随后在敌后各抗日根据地也得到了广泛的开展。有的根据地工会，在本地发现赵占魁式的模范工人以后，即以本地的先进模范人物为学习榜样，开展新劳动者运动，如晋冀豫边区的甄荣典运动、晋绥边区的张秋风运动等。

赵占魁运动和过去根据地开展的短期突击性生产

竞赛不同，它是通过工人群众自觉地向先进工人学习，培养新的劳动态度和劳动者，来提高生产的一种经常性的群众竞赛运动。这个运动的广泛开展，促进了各抗日根据地自给工业的发展，对坚持敌后抗战作出了贡献。

9 为夺取抗战最后胜利的斗争

1944 年，世界反法西斯斗争已经胜利在望，中国人民的抗日战争也已临近最后胜利的阶段。这时，中共领导的抗日根据地已经度过最困难的阶段，八路军、新四军已经开始了对日寇的局部反攻。但是，国民党当局这时却更加反动、腐朽，陷入了严重的经济、政治和军事危机之中。针对这种情况，以毛泽东为首的中共中央及时提出了主要依靠人民的力量去夺取抗战最后胜利的方针。正如毛泽东当时指出的，实行这个方针，"就要使我党我军和我们的根据地更加发展和更加强固起来，就要注意大城市和交通要道的工作，要把城市工作和根据地工作提到同等重要的地位"。1945年 4 月至 6 月间召开的中共第七次全国代表大会，进一步制定了"放手发动群众，壮大人民力量，在我党的领导下，打败日本侵略者，解放全国人民，建立一个新民主主义的中国"的政治路线。在中共七大通过的毛泽东《论联合政府》的报告中强调："在最后打败日本侵略者的斗争中，特别是在收复大城市和交通要道的斗争中，中国工人阶级将起着极大的作用。"大会通过的这个报告，还对国统区、沦陷区和解放区的工人群众工作，分别提出了具体的任务和方针。这些正确的路线和方针，成为指导三种地区的工人群众夺取抗日战争最后胜利的保证。

在抗战后期，由于国民党长期坚持腐朽黑暗的独裁统治和消极抗战、积极反共反人民的政策，在它统治的地区造成了"民生凋敝、民怨沸腾、民变蜂起"的严重局面。特别是 1944 年 4 月至 11 月，日寇为了打通大陆交通线，发动了豫湘桂战役，国民党由于长期避战、观战，使其军队更加丧失战斗力，招致了新的大溃败，在短短 8 个月间，损兵 60 万，丧地 20 多万平方公里，又使 6000 多万人民沦陷在日寇铁蹄之下。新的溃败，更加激起了各阶层人民对国民党独裁统治的愤慨。中国共产党代表各阶层人民的强烈愿望，于 1944 年 9 月提出了"废除国民党一党专政，建立民主联合政府"的主张，得到国统区和全国人民的拥护。中国民主同盟、国民党内的爱国民主人士及其他社会各界和海外华侨团体，纷纷发表宣言，要求实行中共提出的主张。重庆、成都、昆明等地成立各界民主促成会，各地学生、工人和文化界、妇女界纷纷举行集会游行，在国统区形成了日益高涨的民主浪潮。

抗战后期国统区的经济政治危机，使工人生活更加难以维持下去。据统计，1944 年重庆等地的产业工人 40% 左右失去工作，沦为乞丐，其余部分也大多处于半失业状态。加以政治黑暗，特务横行，经济破产，物价飞腾，迫使在业和失业工人日益频繁地起来斗争。据国民党官方统计，1944 年仅重庆一地，工人的罢工、怠工和劳资纠纷案件共达 300 余起。

1945 年 2 月，在国民党的战时首都重庆，爆发了反对国民党特务枪杀工人的大规模群众斗争。其经过是：2 月 20 日，重庆电力公司因邹容路中韩餐厅经常偷电，派用户股外勤工胡世合前去剪线制止，被餐厅经理、国民党军统特务田凯当场开枪打死。惨案发生后，电力公司工人和广大市民对特务暴行异常愤恨，自发聚集惨案现场进行抗议。以周恩来为首的中共南方局闻讯，立即成立了以王若飞为首的斗争指挥机构，领导这次反特斗争。在中共的秘密领导下，电力公司工人向国民党当局提出枪毙凶手等强烈要求，并将胡世合的遗体安放在市中心地区的长安寺，布置灵堂，发动全市工人和各界民众前往祭奠，借此向国民党当局示威、抗议。由于国民党特务的横行霸道早已引起社会公愤，这次斗争立即得到全市各界人民的广泛同情和支持。每天从早到晚，前往祭奠的群众络绎不绝，各种声讨法西斯特务统治、要求民主自由、要求惩办凶手和保障人权等挽联、挽诗和悼词等，挂满灵堂内外，直到寺外临街墙壁，招引了许多中外记者前去采访。许多进步报刊发表了同情工人的消息报道和评论，各解放区工会和上海工人救亡协会等团体，纷纷发表通电，谴责国民党特务统治，声援受害工人。斗争进行了 10 天，终于迫使国民党最高当局下令枪毙了特务田凯。总计参加这次斗争的民众在 10 万人以上。斗争胜利后，还举行了 5 万多人为胡世合送葬的示威游行。这是一次工人斗争和民主运动相结合的伟大创举。它的胜利，有力地推动了抗战后期国统区工人斗争和民主运动的继续发展，对于国统区人民争取抗日战争的最后胜利，并使这种胜利成为人民的胜利，具有重要意义。

为了加强敌占城市工作，准备配合八路军和新四军收复失地，夺取抗日战争的最后胜利，中共中央于1944年6月发出了《关于城市工作的指示》，要求各敌后抗日根据地的中共领导机关，把争取敌占区一切大中小城市和交通要道的群众，准备武装起义的工作，"提到极重要的地位"；并且强调要把主要注意力放在争取工人群众和伪军伪警的工作上。《指示》指出，这样做，一俟时机成熟，就可使城市工作与根据地的工作互相结合起来，"里应外合地进攻日寇，占领城市与交通要道"。根据这个指示和其他一些有关的指示，各敌后抗日根据地的党政机关都选派干部，结合原在敌区坚持工作的人员，深入到一切在根据地附近和包围中的敌占城市和交通要道的群众中积极开展工作，为配合解放这些城市作了准备。因此，在日寇宣布投降前后，八路军和新四军举行大反攻，解放150多个县以上城市和一批铁路、矿区时，都曾得到当地工人群众的配合、援助。

为了发展和巩固解放区，支援人民军队日益加紧进行的反攻日寇的战争，1944年以后，陕甘宁边区和敌后各解放区的工会，都进一步动员组织工人群众参加军民大生产运动，响应1943年11月毛泽东在陕甘宁边区劳动英雄大会上发出的"组织起来"的号召。在农村，依靠雇工推动组织变工队、互助组；在城镇手工业工人和失业工人中，发展集体经营的合作社；在公营工厂中，更加深入广泛地开展以赵占魁为旗帜的新劳动者运动；在一切私人雇主的生产中，各解放区工会也在正确贯彻劳动政策的条件下，鼓励工人搞好生产，有些地方也组织工人开展了劳动竞赛。各解放区的工人都在为夺取抗战的最后胜利而进行的生产劳动中，发挥了高度积极性，产生了大批先进模范人物。各解放区工会都协同政府召开了英雄、模范代表大会，总结推广了他们的经验，表彰了他们的贡献。1945 年 1 月，毛泽东在陕甘宁边区召开的劳动英雄和模范工作者大会上发表了《必须学会做经济工作》的讲话，高度评价了劳动英雄、模范的带头作用、骨干作用和桥梁作用；号召各解放区的党政军工作人员都要学会做经济工作，进一步开展军民大生产运动，努力做到粮食和工业品的全部或大部自给，以便在物质上保证反攻日寇战争的胜利。毛泽东的讲话，鼓舞了各解放区的工人，推动了各解放区军民大生产运动的进一步开展。此外，随着反攻的胜利和解放区的扩大，各解放区工会逐渐加强了动员组织新区工人巩固发展新解放区的工作。适应战争发展的需要，各解放区工会还在农村工人中再次掀起了参军的热潮，许多地方报名参军的群众中，工会会员（主要是农村雇工）占了一半以上。特别是 1945 年 8 月 9 日毛泽东发出"对日寇的最后一战"的号召后，各解放区工人更加积极地以加紧生产、参军参战及其他各种方式支援前线，迎来了抗日战争的最后胜利。

六 支援人民解放战争 迎接新中国的诞生

　　1945年8月15日，日本帝国主义宣布投降以后，蒋介石国民党在美帝国主义的支持下，立即起来抢夺抗战胜利果实，并准备发动内战，消灭共产党在艰苦卓绝的敌后抗战中领导发展起来的人民力量，恢复他们在全国的大地主大资产阶级独裁统治，把国家重新拉回到半殖民地半封建社会的老路上去。经过8年抗战，饱受战争苦难的全国人民渴望实现国内和平民主、恢复发展社会经济，中国共产党代表全国人民的利益和愿望，提出了和国民党针锋相对的方针，领导工人阶级和全国人民坚决反对国民党的内战独裁政策，保卫人民的胜利果实，为在战后把国家建设成为和平、民主和独立、统一的新民主主义新中国而斗争。为此，抗日战争一结束，中国人民就进入了与蒋介石国民党争夺国家命运和前途的解放战争时期。

　　在这个时期开始的9个多月间，国民党为了争取时间部署全面内战，曾经玩弄假和谈真备战的阴谋，邀请共产党领袖毛泽东去重庆谈判。中共利用这个时机，领导全国人民开展了争取国内和平民主的斗争，揭穿了国民党的假和谈阴谋，为打败国民党的全面进攻作了准备。1946 年 6 月国民党发动全面内战后，中共领导人民解放军在全国人民的拥护和支援下，经过一年的战斗，就先后打败了国民党的全面进攻和重点进攻，于 1947 年 7 月开始了大反攻；又经过两年多的反攻和主力决战，于 1949 年推翻了代表帝国主义、封建主义和官僚资本主义的国民党独裁统治，取得了新民主主义革命在全国的胜利。在这个时期的各个阶段，解放区和国民党统治区的工人群众，都在中国共产党的领导下，积极参加各种形式的斗争，以实际行动配合、援助了人民解放战争的胜利发展，迎接了新民主主义新中国的诞生。

　解放区工人和工会保卫胜利果实的斗争

日本宣布投降前后，人民解放军解放了大批城市和广大乡村，使解放区的工人阶级队伍有了空前的发展和壮大。到 1946 年初，解放区拥有哈尔滨、张家口、烟台等大中小城市 506 座，拥有淄博、焦作、峰峰、六河沟、龙烟、鹤岗等著名矿区和一些铁路、公路、邮电等近代交通企业。据 1946 年 6 月中共中央职委的不完全统计，仅山东、华中、晋绥三个解放区，就有职工 189 万人。

根据抗战胜利后的全国形势和中共中央关于争取

国内和平民主的方针，1945 年 9 月，中国解放区职工联合会筹委会发表了《中国解放区职工联合会纲领（草案）》，规定解放区工会的主要任务是："扩大与巩固解放区职工的组织；促进全国职工运动团结与统一，共同争取国内和平团结与民主，力促民主联合政府的实现"；"动员解放区职工积极参加恢复与扩大解放区工业建设"；"拥护解放区民主政府与军队"；"改善职工生活待遇"；"发展职工政治、技术、文化教育"；"与世界职工组织取得密切联系，共谋根绝法西斯残余，建立持久的世界和平"。由于国民党包围进攻解放区的战争日益扩大，1945 年 11 月在毛泽东为中共中央起草的对党内指示中，指出：在解放区，"我党当前任务，是动员一切力量，站在自卫立场上，粉碎国民党的进攻，保卫解放区，争取和平局面的出现"。为此，各解放区必须办好减租和生产两件大事，"使解放区农民普遍取得减租利益，使工人和其他劳动人民取得酌量增加工资和改善待遇的利益……并于明年发展大规模的生产运动，增加粮食和日用必需品的生产，改善人民的生活，救济饥民、难民，供给军队的需要"。鉴于解放区的空前扩大和巩固发展新解放区的重要性，毛泽东又在同年 12 月为中共中央起草的关于建立巩固的东北根据地的指示中，对新区群众工作作了专门的指示。他指出：在新区，"群众工作的内容，是发动人民进行清算汉奸的斗争，是减租和增加工资的运动，是生产运动。应当在这些斗争中，组织各种群众团体，建立党的核心，建立群众的武装和人民的政权，把群众斗争从经济斗争迅速提高到政治斗争，参加根据地的建设"。解放战争初期的解放区工会运动，就是遵照上述纲领和指示，以新区工作为重点开展起来的。

在老解放区，首先改变了1942年贯彻"精兵简政"政策时将各种群众团体合并为"抗联"的做法，恢复发展了各级工会组织；然后动员组织工人积极投入减租、生产运动，全面开展了建设和保卫解放区的各项工作。在新解放区，由于各地解放的时间和具体情况不同（有的比较稳定，有的还在敌我争夺之中），新区群众工作的进度也不一致。大体上，1945年底以前，各新解放区的工会工作主要是救济失业工人，发动工人进行清算斗争和增加工资、改善待遇的翻身运动；并在这些斗争中发展工会组织，进行翻身教育。从1946年初开始，多数新区的工会工作，都已开始转入恢复发展生产的阶段。各解放区工会工作的开展，为动员组织工人群众保卫抗战胜利果实、准备反击国民党的全面进攻，作出了贡献。

国统区工人要求和平民主
和保障生活的斗争

正当举国欢庆抗战胜利的时候，国民党统治区工人面临的却是腐朽黑暗的统治和失业、饥饿的严重威胁。无论是原来的大后方还是新被国民党强占的"收复区"，在国民党的内战独裁政策和抢劫、掠夺式的接收（当时社会舆论称之为"劫收"）下，工厂大多停工、减产和倒闭，许多战时内迁的工厂要复员外迁，使抗战胜利前夕就很严重的工人失业问题更加严重。据统计，1945 年 10 月，在原来的大后方仅重庆、成都、昆明、贵阳就有失业工人 17.5 万余人。10 月以后各地失业人数继续增加，到 1946 年初，仅重庆一地的失业工人就由原来的 5.5 万增加到 10 万以上。这时，在国民党的收复区，失业工人总数达到 600 余万，仅天津一地就有 24 万余人。加以物价更加暴涨，货币贬值，失业和在业工人都挣扎在饥饿死亡线上。这种状况，不仅迫使国统区工人起来进行要求救济失业和保障最低生活的经济斗争，而且激起他们对国民党内战独裁政策的愤恨，积极参加了要求实现和平民主的政治运动。

在原国民党大后方的西南、西北各省和中南各省的部分地区，失业工人要求救济、就业，复员外迁工厂工人要求发给遣散费和回乡路费，在业工人要求平抑物价、增加工资、发给米粮等物价补贴之类的斗争，都极普遍、强烈。从 1945 年 9 月到 1946 年的一年间，仅重庆一地工人的这类斗争，就达 432 起，关系厂商 457 家，关系职工 9.9 万余人。在国民党的收复区，各地工人要求清算伪残余势力，要求被国民党接收的工厂开工，恢复工人的工作，要求增加工资和改善待遇，反对国民党"接收工会"和"甄别"职工等斗争，也是风起云涌，层出不穷。据国民党官方统计，在国民党接收以后的一年间，仅上海一地就发生了这类劳资纠纷和罢工、请愿等斗争 1728 起，累计关系工厂 1.67

万余家，关系职工 87 万余人。

在参加和平民主运动方面，国统区工人也有许多积极表现。1945 年 8、9 月间，在毛泽东赴重庆谈判时，重庆等地工人纷纷向新华日报社和八路军驻渝办事处写信和赠送礼物，表示对中共领袖这一和平行动的敬意和支持。1945 年 11 月初，当国民党违反刚刚签字的停战协定，向晋东南和冀西以及东北解放区大举进攻时，重庆机器、纺织、军工、化工、印刷等业工人发出联合呼吁书，反对内战，要求和平，并积极参加了重庆各界人民反内战联合会的活动。1946 年 2 月 10 日，重庆各界人民在较场口举行庆祝政治协商会议成功的群众大会，有郭沫若、李公朴等著名民主人士 60 余人参加。国民党派特务冲上主席台，向到会民主人士大打出手，制造了震惊中外的较场口事件。事件发生时，参加大会的工人群众奋勇向前，与特务打手搏斗，保护民主人士脱离险境。事后，重庆民生机器厂等 47 个工厂的工人，联合组织二一〇事件后援会，提出严惩凶手、取消特务组织等 11 条要求，并发表《告全国工人书》，强烈谴责国民党镇压和平民主运动的暴行，呼吁全国工人起来进行抗议斗争。1946 年 6 月，正当国民党开始发动全面内战时，上海各界人民推举马叙伦等组成和平请愿团，前往南京向国民党最高当局要求停止内战。6 月 23 日，代表团从上海出发时，上海各界人民为欢送他们，举行了声势浩大的反内战示威游行。参加这次游行的，有 100 多个工会的成员、130 多所学校的师生和其他各界人士，共计达

10 万余人。但是，代表团到达南京下关车站时，遭到国民党事先布置的特务毒打，致使代表受伤住院。血的事实教育各界人民，再也不能向国民党当局乞求和平，只有在共产党领导下与坚持内战独裁政策的国民党统治集团坚决斗争，才有国家的前途和人民的出路。

出席世界工会代表大会

1945 年 2 月，由世界反法西斯阵营的苏联和英法等国工会发起，在伦敦召开了世界工会代表会议，决定于同年 9 月在巴黎召开世界工会代表大会，正式成立世界工会联合会（简称"世界工联"）。解放区工会要求派代表出席伦敦会议，因受国民党阻挠，未能成功。4 月 22 日，在延安建立了以邓发为主任的中国解放区职工联合会筹备委员会以后，更加积极地进行了争取出席巴黎代表大会的斗争。国民党当局继续以拒绝发给出国护照为手段，加以阻挠。后经多方交涉，特别是得到中国劳动协会理事长朱学范的大力支持，国民党当局拖延到大会即将开幕时，才同意邓发参加朱学范为团长的劳协代表团出席巴黎大会。等到邓发办好出国手续、赶到巴黎时，大会已结束了第一阶段的讨论。但是，邓发代表解放区工会在大会上发表了演说，介绍了中国解放区工人 8 年抗战中的巨大贡献和牺牲精神，提出了战后中国工会争取实现和平民主、恢复发展国民经济、改善职工生活待遇等 8 项主张，得到了与会各国多数代表的赞扬和支持。在大会选举成立世界工联时，朱学范当选为副主席，邓发当选为执行局候补委员、理事会理事，刘宁一被选为候补理事。世界工会代表大会闭幕以后，邓发还随朱学范参加了在巴黎召开的第 27 届国际劳工大会，并前往英国访问了中国海员工会利物浦分会，归国途中还到菲律宾访问了马尼拉等地的华侨工会。通过这些活动，宣传了中共的政策主张，扩大了解放区工会在国际上的声誉和影响。同时，通过这次联合行动，加深了解放区工会与朱学范领导的中国劳协之间的关系，为后来继续合作，共同进行国际国内斗争，奠定了基础。1946 年 4 月 8 日，邓发在返回延安途中，因飞机失事遇难后，刘宁一接替他的职务，继续与朱学范保持了密切联系，直到 1948 年 8 月共同参加第六次全国劳动大会，实现了全国工会运动新的统一。

解放区工人加紧支援前线和增产立功运动

　　1946 年 6 月全面内战爆发后，中共中央于 7 月 20 日发出了由毛泽东起草的《以自卫战争粉碎蒋介石的进攻》的指示，向全党和全解放区军民提出了"必须团结一致，彻底粉碎蒋介石的进攻，建立独立、和平、民主的新中国"的伟大号召。各解放区工人和工会热烈响应号召，紧急行动起来，在"积极生产，武装自卫，巩固后方，支援前线"的口号下，普遍开展了热火朝天的生产突击竞赛，经常提前超额完成生产任务。与此同时，各解放区普遍建立了工人武装自卫队，一面坚持生产，一面加强警戒，防止敌人破坏捣乱，并在遭到敌人进攻时，配合人民解放军，牵制、打击敌人。

在解放区工人和全体人民的支援下，人民解放军只用了7个月就打败了国民党的全面进攻，迫使它改为在山东和陕北的所谓重点进攻。同时，由于国民党统治区各阶层人民的爱国民主运动的日益发展，全国已到了新的大革命高潮的前夜。根据这种形势，1947年2月1日，中共中央政治局会议确定了彻底粉碎国民党的进攻，把解放战争进行到底的战略方针，并且向党内发出了由毛泽东起草的《迎接中国革命新高潮》的指示，号召解放区军民和国统区人民为争取中国革命新高潮的迅速到来而斗争。为了在解放区职工运动中贯彻这一指示，2月7日，延安《解放日报》发表了《中国工人阶级今天的任务》的社论，要求解放区一切工人，特别是一切直接、间接参加兵工生产和铁路、公路等运输的工人，要开展新英雄主义竞赛，增加生产，保证运输，为迎接革命新高潮，"加强解放区各方面的力量而立功"。在这以后，各解放区工会动员组织工人响应中共中央和二七社论的号召，广泛开展了"增产立功"的竞赛运动。

增产立功运动，是赵占魁运动在解放战争时期的新发展。它的主要特点是：第一，它有明确的革命目的，即"一切为了前线的胜利"。第二，它不仅要求在生产数量、质量方面都有较大提高，而且要求在企业的经营管理、领导方法、领导作风、干群关系和职工思想等方面，都要有大的改进。有的解放区称它是企业的"全面改造、全面提高的大生产运动"。第三，它的评比条件除了增产以外，还包括参军参战、支援土改等方面的成绩和贡献。这个运动的广泛开展，有力地支援了人民解放战争由防御阶段向大反攻的转变。

战斗在第二条战线的国统区工人

全面内战爆发后，国统区的工人、学生和其他各阶层人民，不断掀起了反饥饿、反内战、反迫害、反对驻华美军暴行，以及反对美货倾销等爱国民主运动浪潮，形成了与解放区军民的反蒋战争相配合的第二条战线。

上海六二三大游行以后，1946 年 7 月间爆发了200 多家丝厂工人长达两个月的大罢工，争得了按生活费指数计算工资的胜利。10 月，重庆民生机器厂工人为抗议国民党警察开枪打死打伤工人，团结资方，采取大办丧事、招待新闻记者和游行请愿等方式，和国民党当局进行了坚决斗争，迫使当局答应了惩办凶手、抚恤家属、保证不再发生类似事件等条件。11 月，上海又爆发了大规模的摊贩斗争。当时上海的摊贩，大多是因经济崩溃而失去工作的工人和他们的家属，国民党警察当局借口整顿市容下令取缔摊贩，断绝了摊贩生路，引起了全市摊贩的恐慌和愤怒。11 月 30 日，万余摊贩自动汇集到警察局请愿，遭到警察镇压，死伤多人。次日，摊贩继续前往请愿，警察又开枪打死10人，伤100余人。警察暴行引起了全市震动，一时间，商店关门，电车停驶，市面秩序大乱。各界人士特别是工人、学生纷纷起来抗议、声援，形成了全市性的群众运动，最后迫使国民党当局收回了"取缔摊贩"的命令。据1946年11月8日《解放日报》的报道，7至9月上海共发生工人斗争561次，整个国统区参加罢工斗争的工人达50万以上。

1947年以后，国民党在军事上的失败日益惨重，更加依靠加重税收和滥发纸币来弥补军费开支，更造成通货恶性膨胀，物价一日多次暴涨，城乡经济日益崩溃、混乱，人民生活特别是工农劳动人民生活陷入绝境。1947年2月，国民党颁布了"经济紧急措施"法令，宣布限制米面、纱布、燃料、食盐、糖、油等生活必需品的价格，同时把公教人员和职工工资冻结在该年1月的生活费指数的标准上。结果，商人逃避限价，将货物转入黑市牟取暴利，使物价涨得更凶更快，而职工和公教人员的工资却依法不许增加，使一切依靠工资度日的人们都更加难以生活下去，其他阶层人民也都同受其害。这样就使国统区人民，首先是工人、学生和各种学校教职员的反饥饿、反内战的斗争浪潮，更加汹涌澎湃。从国民党宣布实施"经济紧急措施"后，各地工人就纷纷起来进行要求解冻生活费指数的罢工、怠工等斗争。上海工人利用国民党工会召开的"五一"节纪念大会，向到会发表反动演说的国民党中央社会部长和上海市长提出解冻生活费指数的要求，并在会后喊着这类口号举行了示威游行。在工人斗争和各界人民的呼声日益强烈的压力下，国民党当局被迫宣布从 6 月份起解除对生活费指数的冻结。此后，生活费指数虽然解冻，但是工资并不能随着物价的上涨而得到相应的提高。正如当时各地流行的一支歌中唱的："薪水是个大活宝哟，要和物价来赛跑。物价一天涨三涨哟，薪水半年赶不上！"在这种情况下，国统区工人和公教人员的反饥饿斗争继续高涨。1947 年国统区工人这类斗争共达 3000 多次，遍及 60 多个城市，参加的工人达 120 余万人。

　　蒋介石国民党为了勾结美帝国主义进行反人民的内战，不惜丧权辱国，与美帝国主义签订了《中美商约》和《中美关于美国武装部队驻扎中国领土之换文》等一系列新的不平等条约，使国民党统治区美军横行，美货充斥，日益沦为美国殖民地。对此，全国各地人民纷起抗议美军暴行和抵制美货。1946 年 9 月，驻上海美国水兵坐人力车不给钱，还将向他索取力资的车夫臧大二子打死。在此以前，已屡次发生驻华美军在各地为非作歹的暴行，仅汽车撞死的中国人就在 1000 人以上，强奸妇女 300 余人，各地人民对此早已愤恨至极。因此，这次事件发生后，上海 10 大人民团体首先起来组织惨案后援会，发动 80 万人签名，并推派代表向南京国民党政府请愿，抗议美军暴行，要求美军撤出中国。继上海之后，重庆、成都、北平、天津、广州、武汉等全国各大城市 100 多个团体，纷纷起来揭露、声讨美军在各地的暴行，开展了"美军退出中国周"的活动。这次斗争迫使国民党政府与美军当局交涉，答应审讯凶手和抚恤死者家属。同时，这次斗争成了 1946 年底和 1947 年初，因美军强奸北京大学女生而爆发的全国学生空前大规模的抗暴运动的前奏。在这次抗暴运动中，上海工人协会发表了《告工友职员书》，号召工人职员支持学生的抗暴运动；全国各地工人也都同情学生，发出了"美军滚出中国去!"的呼声。

为了抵制美货倾销，挽救民族工商业，国统区工人开展了爱用国货、抵制美货运动。1947 年 2 月 9 日，上海三区百货业工会在劝工大楼召开"爱用国货抵制美货运动委员会"成立大会，邀请郭沫若、邓初民、马寅初等社会名流和全市各工会、各工商企业、各党派及各界人民团体的代表参加。国民党派"护工队"特务打手 500 余人到场行凶，当场被打成重伤的 27 人，轻伤无数。其中，永安公司职工、共产党员梁仁达伤势过重，当天下午身亡。惨案发生后，百货业工会成立了"梁仁达治丧委员会"和"二九惨案后援会"，上海其他各业工会、学校学生和各党派民主人士，也纷纷组织后援会或发表谈话，用各种方式谴责国民党出卖国家利权，镇压民众爱国运动的暴行，声援受害职工，最后迫使国民党当局答应惩办凶手。

1947 年 7 月人民解放军开始大反攻后，国民党在前方兵败和后方人民斗争日益高涨的形势下，为了挽救其行将灭亡的命运，连续颁布所谓《维持社会秩序临时办法》、《动员戡乱期间劳资纠纷处理办法》、《戡乱时期危害国家紧急治罪条例》等法西斯法令，在各地建立了专门镇压人民反抗的特种刑事法庭，公然向广大工人学生及其他人民群众宣战。但是，在政治压迫、生活逼迫和人民解放战争的胜利鼓舞下，国民党统治区的工人和各阶层人民毫不畏惧，继续展开了反蒋爱国斗争。

1947年9月，中共在上海开办的富通印刷公司，因承印上海工人协会宣言、传单和《电工月刊》等一批进步工会刊物，被国民党特务机关破获。国民党当局派武装特务逮捕了富通公司全体职工和上海电力公司工会理事一人；并武装接收上电工会、法商水电公司工会和三区百货业工会等进步工会，继续逮捕工人和工会干部100余人，通缉工会领导骨干40余人。为了抗议和阻止国民党的大规模镇压行动，中共秘密发动全市各业近200名工会理事长，共同签名发表联合宣言，表示坚决反对逮捕工人，要求国民党以合理办法解决富通公司的问题，以免罢工蔓延全市。国民党当局害怕酿成全市工人大罢工，只得表示不再逮捕工人，并答应陆续释放被捕工人，允许被开除和被通缉的职工一个月后可以回去复工，不愿复工的由资方发给退职证和救济金，从而挫败了国民党这次大规模迫害进步工人的阴谋。

1948年1月28日，上海申新纱厂第九厂工人7500余名（大多是女工），为反对减发年终奖金、克扣配给米和征收工资所得税，举行全体罢工。2月2日清晨，国民党派大批军警包围工厂，强迫工人离厂。工人把守厂门坚持斗争。至下午 5 时，国民党卫戍司令亲自指挥 1000 多军警和装甲车进攻工人，向工人施放催泪弹，并用机枪扫射。工人用铁棍、砖头等奋勇还击，终被敌人镇压下去，当场牺牲女工 3 人，伤 100 余人，被捕 200 余人，随后被开除 300 多人。申九惨案激起了全市工人和各界人民的强烈抗议和广泛同情。上海各业工会组织了申九惨案后援会，积极开展了揭露、声讨国民党武力镇压工人的罪行，募捐慰劳受伤工人和牺牲、被捕工人家属，悼念死难烈士和营救被捕工人等各种活动。上海工人协会为此发表宣言，号召全市工人"团结更大的力量，进行更广泛深入的斗争"。

国民党企图利用富通事件控制上海电力公司工会的阴谋遭到失败后，1948 年 4 月 21 日，又制造借口逮捕了上电工会常务理事、共产党员王孝和。敌人反复动用各种酷刑，逼他招供，他都严词拒绝，坚贞不屈，坚持与敌人斗争。上海各业工人得知王孝和被捕受刑的消息后，纷纷向国民党法院写信、打电话提出强烈抗议，吓得特刑庭庭长躲在家里不敢出门。但是，敌人为了"借人头"震慑因发行金圆券等措施引起的各界人民反蒋怒涛，于 6 月 28 日由特刑庭秘密判决王孝和死刑。在被敌人押赴刑场途中，王孝和昂首挺胸，大义凛然地向群众高呼："特刑庭乱杀人！""不讲理的政府就要垮台！"他的慷慨就义，表现了一个年仅 24 岁的共产党人为人民献身的浩然正气和崇高品质，永远成为激励人们为正义事业奋斗的榜样。上海工人协会在为王孝和被杀发表的宣言中，指出："天快亮了，以工人阶级为首的上海人民即将获得解放了!"宣言号召上海工人"加倍团结,加强联系,多动脑筋,多出主意,创造各式各样的方式抗击敌人的进攻,保卫自己的利益",准备"迎接胜利"。在这以后,上海和国民党统治区其他各地工人都根据这样的精神,创造了许多适合当地情况、既能保护自己又能打击敌人的方式方法,继续开展了广泛深入的斗争,团结了广大的工人和其他民众,为迎接胜利作了准备。

6 六次劳大的召开和中华全国总工会的恢复

在人民解放军的大反攻捷报频传,中国革命即将取得全国胜利的形势下,中共中央于 1948 年 4 月发表的纪念"五一"劳动节的口号中,提出了"迅速召开政治协商会议","成立民主联合政府"的主张;同时提出"解放区和蒋管区的职工联合起来,建立全国工人的统一组织,为全国工人阶级的解放而斗争"的号召。根据中共中央的部署,中国解放区职工联合会筹备委员会决定于 8 月 1 日在哈尔滨召开全国工人代表大会。7 月 31 日,大会预备会议根据中国解放区工联筹备会、中国劳动协会和上海、唐山、天津等工人代表的提议,决定将这次大会定名为"第六次全国劳动大会",并决定在这次大会上恢复具有光荣革命传统的中华全国总工会。

1948 年 8 月 1 日至 22 日,六次劳大如期在哈尔滨隆重举行。出席大会的,除上述 5 个代表团外,还有东北、华北、华东、西北等解放区工会代表团,武汉等国统区工人代表团,以及铁路、矿山、军工、纺织、电业等重要产业部门的工人代表,共 518 人,代表全国有组织的工人 283 万余人。这是中国工会历史上一次人数众多、代表广泛、意义空前的盛会。

大会由李立三致开幕词,并宣读中共中央致大会的祝词。大会着重听取和讨论了陈云作的《关于中国职工运动当前任务的报告》,通过了相应的决议和《中华全国总工会章程》。大会最后选举全国总工会执行委员 53 人,候补委员 20 人;并由执行委员会选举陈云为全国总工会主席,李立三、朱学范、刘宁一为副主席,正式恢复了中华全国总工会。朱学范代表中国劳动协会在大会上宣布,该会作为团体会员加入中华全国总工会。1949 年 11 月,该会宣布结束其组织,实现了全国工人运动的团结统一。

六次劳大总结了新民主主义革命开始以来白区和革命根据地工人运动的历史经验,根据当时的革命形势,正确地规定了当时全国工人运动的总任务和两种不同的工运方针。在大会通过的《关于中国职工运动当前任务的决议》中指出:"彻底推翻帝国主义及其走狗在中国的统治,建立新民主主义的人民共和国","乃是工人阶级及其他民主阶级当前的最高利益与最高任务"。为了实现这个总的任务,《决议》要求国统区的职工运动,"应比以往任何时候都要更加善于联系群众,聚集力量,扩大队伍,以便迎接解放军的到来";

特别在人民解放军到来时，要组织职工尽力保护一切公私企业的机器设备和各种财产；同时要联合各界人民监视反革命分子，维持社会秩序，配合协助人民解放军解放和接管城市。《决议》根据解放区工人阶级地位的变化和面临的形势，要求解放区的职工很好地组织起来，并很好地学习，"以便很有组织地很自觉地去积极参加新民主主义的国家政权、军队、经济、文化各方面的建设工作"，支援人民解放军尽快地取得全国革命的胜利。《决议》规定解放区工会工作的基本任务是："在发展生产，繁荣经济，公私兼顾，劳资两利的方针下"，团结全体职工，积极劳动，保护职工的日常利益，教育职工，提高他们的文化、技术和业务水平，"在国营公营合营企业发挥管理能力，在私营企业发挥监督作用，在个体劳动中促进技术改良和生产合作"。

六次劳大决定的各项正确方针和中华全国总工会的恢复，对于动员组织全国职工支援人民解放军加快实现全国的解放，以及解放以后参加新中国的各项建设，都具有重要意义。

 7 配合、支援三大战役和解放全中国的斗争

六次劳大闭幕后，随着辽沈、淮海和平津三大战役的胜利展开和打过长江去、解放全中国的战斗进程，解放区和国统区的广大职工，贯彻执行六次劳大决议，配合、支援人民解放军，为夺取全国胜利展开了积极斗争。

三大战役的展开，武器弹药的消耗空前浩大。为了保证前线供给，东北、华北、华东各解放区的兵工工人，都紧急动员起来，加紧突击生产。从1948年冬到1949年2月，仅东北解放区的兵工工人，就生产了手榴弹和掷弹筒弹440余万枚，爆破筒2万余支，复装和制造枪弹1200万发，各种炮弹13万发，修复、改装火炮1000余门，修理制造枪械30余万支，还制造了许多其他军用器材。在准备发动辽沈战役时，东北铁路局职工坚决执行东北野战军司令部的命令，在最短期间、最秘密的情况下，冒着敌机轰炸和敌军袭击的危险，把10万大军及其装备给养从北满运到锦州前线，为取得这次战役的胜利立了首功，受到了野战军司令部的嘉奖。

淮海战役开始后，河南开封市工会筹委会动员1000余工人、100余辆汽车和马车，组成运输大队，开赴前线，随军担负运输任务。河南商丘市搬运工人500余人，响应政府和工会的支前号召，出动220辆架子车、63辆马车、60余辆三轮推车，编成14个支前组，日夜兼程为前线运送弹药，有的在途中遭到敌机轰炸，英勇牺牲。山东济宁市人民政府在运河沿岸筹集木船2460只，组成由工人、渔民和学生万余人参加的水运大队，在淮海战役的60多天里，共运军粮3500万斤，油盐肉类30万斤，还为前线运送了大批武器弹药。

平津战役开始后，冀中总工会紧急号召全体职工，立即行动起来完成一切支前任务。为了保证军事运输，冀中工人仅用 20 余天，就修复了平汉、津浦两大铁路的路基 200 余里，公路 3250 余里，桥梁 40 余座。石家庄市总工会在工人中募集了大批生活用品和现金，慰劳前线部队。察南、察北、冀察等解放区工人与大批民工一起，配合解放军阻击了由绥远增援平津的敌军。平津战役开始后的第二天，张家口第二次获得解放，全市职工立即恢复生产，担负支前任务。仅 1949 年 1 月的下半月，张家口工人就为前线制造登城云梯 230 架、木桥 45 座、麻袋 3 万条、棉衣 800 多套，还为部队修理了许多机动车、大炮、枪支和撬棍、铁镐等。

在渡江战役中，沿江船工冒着枪林弹雨为部队运送人员物资，为突破国民党的长江防线，加速推翻国民党在南京的反动统治，作出了贡献。

在解放全国的胜利进军中，国民党统治区的广大职工积极响应共产党和六次劳大的号召，以各种可能的方式组织起来，积极保护厂矿企业、机关、学校、商店和各种交通设施，粉碎了国民党溃逃时的搬迁和破坏计划。各地职工还在城市解放时，以各种方式配合协助解放军的攻城战斗；并在解放以后协助接管官僚资本，迅速恢复生产，继续支援解放战争，直到全国解放。

 中共七届二中全会提出的全心全意依靠工人阶级的方针

在新民主主义革命取得全国胜利的前夕，1949 年

3月，中共在河北平山县西柏坡举行了具有重大历史意义的七届二中全会。会议根据毛泽东的报告，通过了相应的决议，提出了促进革命迅速取得全国胜利和胜利以后进行政治、经济、外交等各项工作的基本政策，作出了把革命工作重心由农村开始转到城市的决定；同时提出了城市工作中必须以恢复发展生产为中心，全心全意依靠工人阶级的方针。会议的各项决定，对于加速革命在全国的胜利、建立和建设新民主主义的新中国，起了巨大的指导作用。特别是会议提出的全心全意依靠工人阶级的方针，不仅是新中国建立前后，开展工会工作，动员组织工人恢复发展工商业经济，巩固新生人民政权的重要指针，而且是实现工人阶级在新中国的领导地位，保证新中国的人民民主性质和社会主义发展方向，发挥工人阶级在社会主义改造和社会主义建设中的主力军作用，在整个社会主义历史阶段都必须坚持的根本指导方针。

刘少奇在中共七届二中全会的发言中，对如何依靠工人阶级的问题，发表了重要意见。他说，依靠工人阶级必须进行三个方面的工作：第一，关心工人生活，解除工人疾苦，并使工人生活随着经济的恢复和发展逐步得到改善；第二，通过办学习班、办夜校等方式，对工人进行劳动创造世界、剩余价值、阶级斗争等唯物史观和中国革命基本问题、现阶段各项政策等思想政治教育，提高工人觉悟，树立工人阶级主人翁思想；第三，在工人中建立工会，发展共产党员，把全体工人阶级都组织起来。七届二中全会闭幕后，刘少奇先后到北平、天津、唐山检查指导城市工作。他在这三个城市的多次讲话中，都进一步阐述了他的上述主张，并强调城市党的领导机关必须把工会工作放在重要地位，给予大力支持和领导。刘少奇的这些意见，对于新中国建立前后贯彻全心全意依靠工人阶级的方针和开展工会工作，也起了重要的指导作用。

召开全国工会工作会议
迎接新中国的诞生

随着辽沈战役和平津战役的胜利，中华全国总工会于 1948 年 12 月由哈尔滨迁到沈阳，又于 1949 年 3 月迁到北平，开始加强了对全国工会工作的指导。为了继续贯彻六次劳大的决议和落实中共七届二中全会的精神，推动全国工会工作的开展，全国总工会于 1949 年 7 月 23 日至 8 月 16 日，在北京召开了全国工会工作会议。

出席这次会议的，共计 72 个单位 254 人。他们中除各地省市和大区一级工会负责干部外，还有主管工商业的省市党政领导干部和劳动管理部门的负责干部，以及部分大型企业的负责人等。中共中央对这次会议十分重视。朱德代表中共中央到会讲话，周恩来到会作了政治报告，毛泽东出席招待会，并发表了重要讲话。刘少奇因去苏联访问，未能参加这次会议，但会议的主要议程和开法，都是在他的指导下确定并经他批准的。

这次会议的中心议题是工会的组织问题,即在全国大部分地区已经解放、其余地区也即将解放的条件下,统一讨论解决在全国范围内建立工会和开展工会工作,把全国工人阶级组织起来,担负起新中国建设任务的问题。李立三在开幕词中说明了这次会议的任务和议程,并在会议讨论各项重要问题时作了多次发言。会议经过讨论,确定当时全国工会工作的中心任务,是在一年左右的时间内把全国工人阶级基本上组织起来。为了实现这个中心任务,会议对有关工会组织的一系列具体问题,如工会会员问题、会费问题、工作经费问题、工会组织系统问题、地方工会与产业工会的关系问题等,作了初步的统一规定。会议着重批评了各地工会在发展组织上的关门主义倾向和部分干部中存在的恩赐观点、包办代替、强迫命令等思想作风,积极提倡大家办工会和工会民主化。

会议的另一个重要议题,是关于处理私营企业的劳资关系问题。会议根据"发展生产、繁荣经济、公私兼顾、劳资两利"的政策和全总在平津等地取得的经验,通过了《关于劳资关系暂行处理办法》、《关于私营工商企业劳资双方订立集体合同的暂行办法》和《关于劳资争议解决程序的暂行规定》等草案。这些文件经批准执行后,对维护私营企业职工利益,团结资方贯彻政府对私营工商业的经济政策,恢复发展私营工商业,起了重要作用。

全国工会工作会议,是在六次劳大以后快一年和中华人民共和国建立前不到两个月的时候召开的。会议总结了六次劳大以来的工会工作经验,根据新的条件,研究了进一步贯彻六次劳大决议和中共七届二中全会精神的办法,解决了全国工会工作面临的重要问题。会议以后,各地工会在传达贯彻这次会议决议的实际行动中,动员组织全国职工以主人翁的姿态和胜利者的豪情,迎接新中国的诞生。

参考书目

1. 中华全国总工会中国职工运动史研究室编《中国工会历史文献》第 1～5 册，工人出版社，1958～1959。

2. 中华全国总工会编《中共中央关于工人运动文件选编》上、中、下册，档案出版社，1985～1986。

3. 中华全国总工会中国工人运动史研究室编《中国工运史料》第 1～29 期，工人出版社，1958～1986。

4. 刘明逵编《中国工人阶级历史状况》第 1 卷第 1、2 册，中共中央党校出版社，1985、1993。

5. 邓中夏著《中国职工运动简史（1919～1926）》，人民出版社，1953。

6. 唐玉良编《中国民主革命时期工人运动史略》，工人出版社，1985。

7. 唐玉良、王瑞峰主编《中国工运大事记（民主革命时期）》，辽宁人民出版社，1990。

8. 中华全国总工会编《中华全国总工会七十年》，中国工人出版社，1995。

《中国史话》总目录

系列名	序号	书　名	作　者	
物化历史系列（28种）	30	石器史话	李宗山	
	31	石刻史话	赵　超	
	32	古玉史话	卢兆荫	
	33	青铜器史话	曹淑芹	殷玮璋
	34	简牍史话	王子今	赵宠亮
	35	陶瓷史话	谢端琚	马文宽
	36	玻璃器史话	安家瑶	
	37	家具史话	李宗山	
	38	文房四宝史话	李雪梅	安久亮
制度、名物与史事沿革系列（20种）	39	中国早期国家史话	王　和	
	40	中华民族史话	陈琳国	陈　群
	41	官制史话	谢保成	
	42	宰相史话	刘晖春	
	43	监察史话	王　正	
	44	科举史话	李尚英	
	45	状元史话	宋元强	
	46	学校史话	樊克政	
	47	书院史话	樊克政	
	48	赋役制度史话	徐东升	
	49	军制史话	刘昭祥	王晓卫
	50	兵器史话	杨　毅	杨　泓
	51	名战史话	黄朴民	
	52	屯田史话	张印栋	
	53	商业史话	吴　慧	
	54	货币史话	刘精诚	李祖德
	55	宫廷政治史话	任士英	
	56	变法史话	王子今	
	57	和亲史话	宋　超	
	58	海疆开发史话	安　京	

系列名	序号	书　名	作　者
交通与交流系列（13种）	59	丝绸之路史话	孟凡人
	60	海上丝路史话	杜　瑜
	61	漕运史话	江太新　苏金玉
	62	驿道史话	王子今
	63	旅行史话	黄石林
	64	航海史话	王　杰　李宝民　王　莉
	65	交通工具史话	郑若葵
	66	中西交流史话	张国刚
	67	满汉文化交流史话	定宜庄
	68	汉藏文化交流史话	刘　忠
	69	蒙藏文化交流史话	丁守璞　杨恩洪
	70	中日文化交流史话	冯佐哲
	71	中国阿拉伯文化交流史话	宋　岘
思想学术系列（21种）	72	文明起源史话	杜金鹏　焦天龙
	73	汉字史话	郭小武
	74	天文学史话	冯　时
	75	地理学史话	杜　瑜
	76	儒家史话	孙开泰
	77	法家史话	孙开泰
	78	兵家史话	王晓卫
	79	玄学史话	张齐明
	80	道教史话	王　卡
	81	佛教史话	魏道儒
	82	中国基督教史话	王美秀
	83	民间信仰史话	侯　杰
	84	训诂学史话	周信炎
	85	帛书史话	陈松长
	86	四书五经史话	黄鸿春

系列名	序号	书名	作者	
思想学术系列 (21种)	87	史学史话	谢保成	
	88	哲学史话	谷 方	
	89	方志史话	卫家雄	
	90	考古学史话	朱乃诚	
	91	物理学史话	王 冰	
	92	地图史话	朱玲玲	
文学艺术系列 (8种)	93	书法史话	朱守道	
	94	绘画史话	李福顺	
	95	诗歌史话	陶文鹏	
	96	散文史话	郑永晓	
	97	音韵史话	张惠英	
	98	戏曲史话	王卫民	
	99	小说史话	周中明	吴家荣
	100	杂技史话	崔乐泉	
社会风俗系列 (13种)	101	宗族史话	冯尔康	阎爱民
	102	家庭史话	张国刚	
	103	婚姻史话	张 涛	项永琴
	104	礼俗史话	王贵民	
	105	节俗史话	韩养民	郭兴文
	106	饮食史话	王仁湘	
	107	饮茶史话	王仁湘	杨焕新
	108	饮酒史话	袁立泽	
	109	服饰史话	赵连赏	
	110	体育史话	崔乐泉	
	111	养生史话	罗时铭	
	112	收藏史话	李雪梅	
	113	丧葬史话	张捷夫	

系列名	序号	书 名	作 者	
	114	鸦片战争史话	朱谐汉	
	115	太平天国史话	张远鹏	
	116	洋务运动史话	丁贤俊	
	117	甲午战争史话	寇 伟	
	118	戊戌维新运动史话	刘悦斌	
	119	义和团史话	卞修跃	
	120	辛亥革命史话	张海鹏	邓红洲
	121	五四运动史话	常丕军	
	122	北洋政府史话	潘 荣	魏又行
	123	国民政府史话	郑则民	
	124	十年内战史话	贾 维	
近代政治史系列（28种）	125	中华苏维埃史话	杨丽琼	刘 强
	126	西安事变史话	李义彬	
	127	抗日战争史话	荣维木	
	128	陕甘宁边区政府史话	刘东社	刘全娥
	129	解放战争史话	朱宗震	汪朝光
	130	革命根据地史话	马洪武	王明生
	131	中国人民解放军史话	荣维木	
	132	宪政史话	徐辉琪	付建成
	133	工人运动史话	唐玉良	高爱娣
	134	农民运动史话	方之光	龚 云
	135	青年运动史话	郭贵儒	
	136	妇女运动史话	刘 红	刘光永
	137	土地改革史话	董志凯	陈廷煊
	138	买办史话	潘君祥	顾柏荣
	139	四大家族史话	江绍贞	
	140	汪伪政权史话	闻少华	
	141	伪满洲国史话	齐福霖	

系列名	序号	书名	作者
近代经济生活系列（17种）	142	人口史话	姜涛
	143	禁烟史话	王宏斌
	144	海关史话	陈霞飞　蔡渭洲
	145	铁路史话	龚云
	146	矿业史话	纪辛
	147	航运史话	张后铨
	148	邮政史话	修晓波
	149	金融史话	陈争平
	150	通货膨胀史话	郑起东
	151	外债史话	陈争平
	152	商会史话	虞和平
	153	农业改进史话	章楷
	154	民族工业发展史话	徐建生
	155	灾荒史话	刘仰东　夏明方
	156	流民史话	池子华
	157	秘密社会史话	刘才赋
	158	旗人史话	刘小萌
近代中外关系系列（13种）	159	西洋器物传入中国史话	隋元芬
	160	中外不平等条约史话	李育民
	161	开埠史话	杜语
	162	教案史话	夏春涛
	163	中英关系史话	孙庆
	164	中法关系史话	葛夫平
	165	中德关系史话	杜继东
	166	中日关系史话	王建朗
	167	中美关系史话	陶文钊
	168	中俄关系史话	薛衔天
	169	中苏关系史话	黄纪莲
	170	华侨史话	陈民　任贵祥
	171	华工史话	董丛林

系列名	序号	书名	作者
近代精神文化系列（18种）	172	政治思想史话	朱志敏
	173	伦理道德史话	马勇
	174	启蒙思潮史话	彭平一
	175	三民主义史话	贺渊
	176	社会主义思潮史话	张武　张艳国　喻承久
	177	无政府主义思潮史话	汤庭芬
	178	教育史话	朱从兵
	179	大学史话	金以林
	180	留学史话	刘志强　张学继
	181	法制史话	李力
	182	报刊史话	李仲明
	183	出版史话	刘俐娜
	184	科学技术史话	姜超
	185	翻译史话	王晓丹
	186	美术史话	龚产兴
	187	音乐史话	梁茂春
	188	电影史话	孙立峰
	189	话剧史话	梁淑安
近代区域文化系列（二种）	190	北京史话	果鸿孝
	191	上海史话	马学强　宋钻友
	192	天津史话	罗澍伟
	193	广州史话	张苹　张磊
	194	武汉史话	皮明庥　郑自来
	195	重庆史话	隗瀛涛　沈松平
	196	新疆史话	王建民
	197	西藏史话	徐志民
	198	香港史话	刘蜀永
	199	澳门史话	邓开颂　陆晓敏　杨仁飞
	200	台湾史话	程朝云

《中国史话》主要编辑
出版发行人

总 策 划　谢寿光　王　正

执行策划　杨　群　徐思彦　宋月华

　　　　　　梁艳玲　刘晖春　张国春

统　筹　黄　丹　宋淑洁

设计总监　孙元明

市场推广　蔡继辉　刘德顺　李丽丽

责任印制　岳　阳